當代中國社會

李文 著

　　二十世紀，在中國發生的兩個歷史性事件影響到了全世界，一是中華人民共和國成立，建立了社會主義制度，從根本上改變了東亞乃至全世界的政治格局；一是中國實行改革開放，建立了社會主義市場經濟制度，取得了社會經濟長時段的高速發展，從根本上重繪了東亞乃至全世界的經濟版圖。這兩個事件，注定會在實現民族復興、國家富強、人民幸福的偉大「中國夢」的歷史畫卷中留下濃墨重彩的一筆。

　　進入二十一世紀以來，中國的發展延續了前二十年的勢頭：積極應對國際形勢深刻調整，國內發展日新月異；戰勝各種風險、困難和挑戰，經濟總量實現歷史跨越；取得一系列新的歷史性成就，為全面建成小康社會打下了堅實基礎。中國經濟總量從世界第六位躍升到第二位，社會生產力、經濟實力、科技實力邁上一個大臺階，人民生活水平、居民收入水平、社會保障水平實現前所未有的進步，綜合國力、國際競爭力、國際影響力顯著提高，國家面貌發生新的歷史性變化。人們公認，這是中國經濟持續發展、民主不斷健全、文化日益繁榮、社會保持穩定的時期，是著力保障和改善民生、人民得到實惠更多的時期。與此同時，中國經濟結構面臨深層次矛盾；經濟發展受到資源環境的嚴重制約；經濟與社會發展不均

衡；貧富差距擴大，利益糾紛和社會矛盾集中多發；世界經濟復蘇乏力，國內經濟下行壓力加大，中國的發展也呈現日益突出的矛盾和問題。

本書主要講述進入二十一世紀以來中國社會的發展情況，必要時會追述到二十世紀下半葉。本書所引用數據除特別注明者外，均出自中國國家統計局和有關部委的網站。

▲ 國慶之夜的北京天安門廣場

目錄

第一章

從小康社會
到中國夢

「社會」這個概念素來有「大社會」「小社會」兩種理解。前者可以指經濟、政治、文化等等無所不包的「人類社會」，也可以指人類相互交往形成的一定範圍的「集合」或「聯盟」（共同體）；後者可以指與政府相對的「社會共同體」，也可以指與經濟、政治、文化等相並列的那個空間或領域。本書就是從「小社會」的角度來介紹中國社會的，它包括社會結構、社會建設和社會治理、社會生活和社會思潮等。中國改革開放的總設計師鄧小平所講的「小康社會」是個「大社會」，我們先從這個「大社會」的角度管窺一下近些年中國「小社會」的總體情況。

▌從溫飽到總體小康

「小康社會」與「三步走」戰略

　　半個世紀之前，新中國第一代領導集體曾經提出過一個經濟發展「兩步走」設想：第一步，建立一個獨立的比較完整的工業體系和國民經濟體系；第二步，全面實現農業、工業、國防和科學技術現代化，使中國經濟走在世界的前列。二十世紀七〇年代末中國改革伊始，第一步設想已經基本實現了，但是距離第二步設想的目標還差得很遠。「小康社會」就是鄧

▲ 一九七八年十二月十八日至二十二日，中共十一屆三中全會在北京召開，鄧小平在會議
　上講話，號召人民解放思想、實事求是、團結一致向前看。

小平借用傳統概念，針對第二步發展設想而提出的新講法，並賦予其全新內涵。一九七九年十二月和一九八四年三月，鄧小平先後在會見日本首相時指出：「我們要實現的四個現代化，是中國式的四個現代化。我們的四個現代化的概念，不是像你們那樣的現代化的概念，而是『小康之家』。」「翻兩番，國民生產總值人均達到八百美元，就是到本世紀末在中國建立一個小康社會。這個小康社會，叫做中國式的現代化。」

與此前的「四個現代化」的標準有所不同，這個「小康社會」是一個談不上富裕也談不上貧窮的務實的階段性發展目標。一九七八年的中國還只是個溫飽不足的低收入國家，人均國內生產總值（GDP）只有區區一五五美元，相當於世界平均水平的百分之七點九，在一百三十五個國家和地區中排名第一三三位；人均國民總收入（GNI）只有一九〇美元，相當於世界平均水平的百分之十點二，在一百八十八個國家和地區中居第一七五位。這是世界銀行公布的數據。農村居民和城市居民的恩格爾系數[1]分別高達百分之六十七點七和百分之五十七點五，即便按當時中國自己所定比較低的貧困線標準衡量，也有多達四分之一的人口（約二點五億）屬於尚未解決溫飽的極端貧困人口。

所以，鄧小平提出了一個「三步走」發展戰略：「第一步在八〇年代翻一番。以一九八〇年為基數，當時國民生產總值人均只有二五〇美元，

1　恩格爾系數是國際上衡量生活質量的一項綜合指標，它客觀上反映了不同收入不同價格水平下各國居民的生活狀況。據聯合國糧農組織提出的用恩格爾系數判定生活發展階段的一般標準：60%以上為貧困，50%至60%為溫飽，40%至50%為小康；30%至40%為富裕，30%以下為最富裕。目前歐美等發達國家一般為20%左右。

翻一番，達到五〇〇美元。第二步是到本世紀（二十世紀）末，再翻一番，人均達到一千美元。實現這個目標意味著我們進入小康社會，把貧困的中國變成小康的中國。那時國民生產總值超過萬億美元，雖然人均數還很低，但是國家的力量有很大增加。我們制定的目標更重要的還是第三步，在下世紀（21世紀）用三十年到五十年再翻兩番，大體上達到人均四千美元。做到這一步，中國就達到中等發達的水平。」

一九九七年，人均 GDP 翻兩番的目標提前實現。到二〇〇〇年，中

▲ 中國共產黨第十七次全國代表大會於二〇〇七年十月十五日至二十一日在北京召開。

國政府宣布，人民生活總體達到小康水平。二〇〇七年，中共十七大在十六大提出二〇二〇年實現比二〇〇〇年 GDP 總量翻兩番的基礎上，進一步提出了同期實現人均 GDP 翻兩番的新要求。這意味著，中國「達到中等發達的水平」目標的時間比鄧小平預計的要大大提前了。

「總體小康」的水平和標準

具體說來，二十世紀末中國總體達到的這個「小康水平」是個什麼樣的水平呢？按照鄧小平一九八四年的預想，就是像當時經濟比較發達的江南地區的一些地方那樣：「第一是人不往上海、北京跑，恐怕蘇南大部分地方的人都不往外地跑，樂於當地的生活；第二，每個人平均二十多平方米的住房；第三，中小學教育普及了，自己拿錢辦教育；第四，人民不但吃穿問題解決了，用的問題，什麼電視機，新的幾大件，很多人也都解決了；第五，人們的精神面貌有了很大的變化，什麼違法亂紀、犯罪行為大大減少。」可見「總體小康」絕非僅僅人均 GDP 翻兩番那麼簡單。六年之後，中共十三屆七中全會通過的《中共中央關於制定國民經濟和社會發展十年規劃和「八五」計劃的建議》作出了進一步的概括：「所謂小康水平，是指在溫飽的基礎上，生活質量進一步提高，達到豐衣足食。這個要求既包括物質生活的改善，也包括精神生活的充實；既包括居民個人消費水平的提高，也包括社會福利和勞動環境的改善。」到二十世紀末，「人民生活從溫飽達到小康，生活資料更加豐裕，消費結構趨於合理，居住條件明顯改善，文化生活進一步豐富，健康水平繼續提高，社會服務設施不斷完善。」

為了便於衡量小康社會的實現程度，原國家計劃委員會、國家統計局

▲ 中國正迅速從傳統農業大國轉變為現代城市型國家。

等部門於二十世紀九〇年代初提出過一整套全國、城鎮、農村有別的評價
標準（如表 1-1-1、表 1-1-2、表 1-1-3 所示）。全國的基本標準包括五個方
面共十六項指標，城鎮和農村的小康生活標準在全國基本標準的基礎上各
有損益，符合城鄉差別巨大的客觀現實。從上述三個表羅列的指標來看，
除了全國和城鎮基本指標中反映經濟發展水平的指標以外，其餘絕大部分
指標都與前面所講的「小社會」中的社會建設和社會生活有直接關係。經
過測算，一九九〇年全國小康實現程度為百分之四十八，二〇〇〇年為百
分之九十六。到二〇〇〇年尚有三項指標沒有達到小康標準，即農民人均
純收入為一〇六六元，實現百分之八十五；人均蛋白質日攝入量為七十五
克，實現百分之九十；農村初級衛生保健基本時期，城鎮居民恩格爾系數

▲ 二〇〇六年，中國開始推進新農村建設。圖為位於江西省贛縣的一個普通山村。

從一九九一年的百分之五十三點八下降到二〇〇〇年的百分之三十九點
四，農村居民恩格爾系數從百分之五十七點六下降到百分之四十九點一。
這一時期，在扶貧開發方面獲得的成就尤為令人矚目，農村貧困人口減少
了二點二億。[2]世界銀行認為，中國是二十年來對全球扶貧事業作出最大
貢獻的國家。中國創新性的大規模扶貧活動，為全球扶貧行動提供了極富
建設性的範例。

2　但是，由於下崗職工增多，失業導致的城鎮貧困人口增加。據民政部統計，截至
　　2002 年 11 月，3.2 億非農業人口中仍有 1998 萬人屬於「城市貧民」，政府為此設
　　置了「三條保障線」（國有企業下崗職工基本生活保障制度、失業保險制度和城
　　市居民最低生活保障制度），基本做到「應保盡保」。

表 1-1-1　全國居民小康生活水平基本標準

指標類型	指標名稱	指標臨界值			
		單位	1980 年	小康值	權數
一、經濟水平					
	1. 人均國內生產總值	元	778	2500	14
二、物質生活					48
收入	2. 人均收入水平				16
	（1）城鎮人均可支配收入	元	974	2400	6
	（2）農民人均純入	元	315	1200	10
居住	3. 人均居住水平				12
	（1）城鎮人均使用面積	平方米	5.5	12	5
	（2）農村人均鋼磚木結構住房面積	平方米	4.5	15	7
營養	4. 人均蛋白質攝入量	克	50	75	6
交通	5. 城鄉交通狀況				8
	（1）城市每萬人擁有鋪路面積		2.8	8	3
	（2）農村通公路行政村比重	%	50	85	5
結構	6. 恩格爾系數	%	60	50	6
三、人口素質					14
文化	7. 成人識字率	%	68	85	6
健康	8. 人均預期壽命	歲	68	70	4
	9. 嬰兒死亡率	‰	34.7	31	4
四、精神生活					10
	10. 教育娛樂支出比重	%	3	11	5
	11. 電視機普及率	%	11.9	100	5
五、生活環境					14
	12. 森林覆蓋率	%	12	15	7
	13. 農村初級衛生保健基本合格以上縣占比	%		100	7
總計	共 16 項分指標				100

表 1-1-2　全國城鎮居民小康生活水平基本標準

指標名稱	單位	指標臨界值		權數
		1980 年	小康值	
一、經濟水平				21
1. 人均國內生產總值	元	1750	5000	12
2. 第三產業增加值比重	%	20.6	40	9
二、物質生活				37
3. 人均可支配收入	元	974	2400	15
4. 人均住房使用面積	平方米	5.5	12	10
5. 人均日蛋白質攝入量	克	60	75	5
6. 恩格爾系數	%	62	50	7
三、人口素質				12
7. 人口平均預期壽命	歲	67	70	5
8. 中學入學率	%	70	90	7
四、精神生活				12
9. 電視機普及率	%	58	100	5
10. 文教娛樂支出比重	%	6	16	7
五、生活環境與社會保障				18
11. 人均綠地面積	平方米	3	9	9
12. 萬人刑事案件立案數	件		20	9
總計				100

表 1-1-3　全國農村居民小康生活水平基本標準

指標	單位	權數	溫飽值	小康值
一、收入分配		35		
1. 人均純收入	元	30	300	1200
2. 基尼系數	%	5	0.2	0.3-0.4
二、物質生活		25		
3. 恩格爾系數	%	6	60	≦50
4. 蛋白質攝入量	克	9	47	75
5. 衣著消費支出	元	3	27	70
6. 鋼木結構住房比重	%	7	43	80
三、精神生活		12		
7. 電視機普及率	台/百戶	6	1	70
8. 文化服務支出比重	%	6	2	10
四、人口素質		9		
9. 人口平均預期壽命	歲	4	68	70
10. 勞動力平均受教育程度	年	5	6	8
五、生活環境		11		
11. 已通公路的行政村比重	%	3	50	85
12. 安全衛生水普及率	%	3	50	90
13. 用電戶比重	%	3	50	95
14. 已通電話的行政村比重	%	2	50	70
六、社會保障與社會安全		8		
15. 享受社會五保人口比重	%	4	50	90
16. 萬人刑事案件立案件數	件	4	5	≦20
合計		100		

▌全面小康

新「三步走」戰略

顯而易見，中國二十世紀末的「總體小康」還只是一個低標準、偏重於物質消費、發展不均衡的小康。二〇〇〇年底，中國人均 GDP 只有八〇〇多美元，屬於中下等收入國家的水平。全國尚有三千萬人溫飽沒有完全解決，城鎮也有一批人口困在最低生活保障線以下。西部相當一部分地方與「總體小康」還有一段距離，農村實現小康的難點主要在西部地區。當時，人民日益增長的物質文化需要同落後的社會生產之間的矛盾仍然是中國社會的主要矛盾，中國生產力和科技、教育還比較落後，實現工業化和現代化還有很長的路要走；城鄉二元經濟結構還沒有改變，地區差距擴大的趨勢尚未扭轉，貧困人口還為數不少；人口總量繼續增加，老齡人口比重上升，就業和社會保障壓力增大；生態環境、自然資源和經濟社會發展的矛盾日益突出；中國仍然面臨發達國家在經濟科技等方面占優勢的壓力；經濟體制和其他方面的管理體制還不完善；民主法制建設和思想道德建設等方面還存在一些不容忽視的問題。鞏固和提高彼時所達到的小康水平，還需要進行長時期的艱苦奮鬥。

有鑑於此，一九九七年，中共十五大將鄧小平提出的「三步走」戰略中的第三步具體化，進一步提出「新三步走」戰略：二十一世紀前五十年的目標是，第一個十年實現國民生產總值比二〇〇〇年翻一番，使人民的小康生活更加富裕，形成比較完善的社會主義市場經濟體制；再經過十年

▲ 中國的中西部地區經濟發展水平與東部發達地區還有很大差距。

的努力，到中國共產黨建黨一百年時，使國民經濟更加發展，各項制度更加完善；到二十一世紀中葉新中國成立一百年時，基本實現現代化，建成富強民主文明的社會主義國家。一個以低水平的「總體小康」為基礎的、更高水平的「全面小康」發展規劃就要破繭而出了。

「全面小康」及目前的實現程度

二〇〇〇年，中共十五屆五中全會宣布「從新世紀開始，我國將進入

表 1-2-1　中國內地與世界主要經濟體主要年份 GDP 對比表（基於匯率）

單位：GDP 總量/億美元，占世界比重/%

位次	2000 年 國家	GDP	比重	1990 年 國家	GDP	比重	1980 年 國家	GDP	比重
	世界	323,313	100	世界	221,959	100	世界	107,113	100
1	美國	99,515	30.78	美國	58,005	26.13	美國	27,882	26.03
2	日本	47,312	14.63	日本	31,037	13.98	日本	10,870	10.15
3	德國	18,919	5.85	德國	15,470	6.97	德國	8,261	7.71
4	英國	14,787	4.57	法國	12,474	5.62	法國	6,913	6.45
5	法國	13,302	4.11	意大利	11,402	5.14	英國	5,425	5.06
6	中國	11,985	3.71	英國	10,246	4.62	意大利	4,700	4.39
7	意大利	11,073	3.42	加拿大	5,947	2.68	加拿大	2,744	2.56
8	加拿大	7,397	2.29	西班牙	5,204	2.34	墨西哥	2,266	2.12
9	墨西哥	6,719	2.08	巴西	4,650	2.09	西班牙	2,244	2.09
10	巴西	6,443	1.99	中國	3,903	1.76	阿根廷	2,090	1.95
11	西班牙	5,820	1.80	澳大利亞	3,238	1.46	中國	2,025	1.89
12	韓國	5,334	1.65	印度	3,235	1.46	印度	1,814	1.69
13	印度	4,764	1.47	荷蘭	2,956	1.33	荷蘭	1,772	1.65
14	澳大利亞	3,996	1.24	墨西哥	2,878	1.30	沙特阿拉伯	1,640	1.53
15	荷蘭	3,862	1.19	韓國	2,704	1.22	澳大利亞	1,629	1.52

資料來源：根據 IMF 二○一三年四月《世界經濟瞭望》數據整理。一九九一年之前的數據未列入前蘇聯；如若列入前蘇聯，則中國排名後移一位。

圖 1-2-1　2000-2012 年中國國內生產總值增長狀況

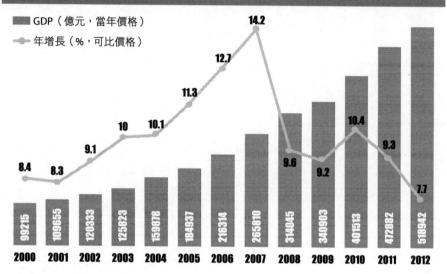

▲ 數據來源：國家統計局《中國統計年鑑》（2012）。二〇一一、二〇二二年的數據為初步
核實數。

全面建設小康社會，加快推進社會主義現代化的新的發展階段」，指出
「這是中華民族發展史上一個新的里程」。二〇〇二年，中共十六大根據
十五大提出的「新三步走」戰略，確定在二十一世紀前二十年「全面建設
惠及十幾億人口的更高水平的小康社會，使經濟更加發展、民主更加健
全、科教更加進步、文化更加繁榮、社會更加和諧、人民生活更加殷
實」。其中，經濟和民生方面的目標是：「在優化結構和提高效益的基礎
上，國內生產總值到二〇二〇年力爭比二〇〇〇年翻兩番，綜合國力和國
際競爭力明顯增強。基本實現工業化，建成完善的社會主義市場經濟體制
和更具活力、更加開放的經濟體系。城鎮人口的比重較大幅度提高，工農
差別、城鄉差別和地區差別擴大的趨勢逐步扭轉。社會保障體系比較健

表1-2-2　2000-2010年中國全面建設小康社會及在六大方面的實現程度

單位：%

	2000	2001	2002	2003	2004	2005	2006	2007	2008	2009	2010
全面建設小康社會	59.6	60.7	61.8	63.0	64.8	67.2	69.9	72.8	74.7	77.5	80.1
經濟發展	50.3	52.2	54.4	56.3	58.2	60.6	63.4	66.6	69.1	73.1	76.1
社會和諧	57.5	59.6	57.1	56.3	59.9	62.8	67.6	72.1	76.0	77.7	82.5
生活質量	58.3	60.7	62.9	65.5	67.7	71.5	75.0	78.4	80.0	83.7	86.4
民主法制	84.8	82.6	82.5	82.4	83.7	85.6	88.4	89.9	91.1	93.1	93.6
文化教育	58.3	59.1	60.9	61.8	62.2	63.0	64.1	65.3	64.6	66.1	68.0
資源環境	65.4	64.6	66.3	67.2	67.7	69.5	70.6	72.6	75.2	76.8	78.2

資料來源：國家統計局科研所《中國全面建設小康社會進程統計監測報告（2011）》
http://www.stats.gov.cn/tjfx/fxbg/t20111219_402773172.htm

全，社會就業比較充分，家庭財產普遍增加，人民過上更加富足的生活。」十六大還為這個更高水平的「小康社會」提出了政治、文化和生態環境等全方位的奮鬥目標。二〇〇七年，中共十七大在十六大提出二〇二〇年實現比二〇〇〇年 GDP 總量翻兩番的基礎上，進一步提出了同期實現人均 GDP 翻兩番的新要求。從十六大提出的以及後來在十七大、十八大一再被充實了內容的「小康社會」奮鬥目標來看，新的小康目標較之過往的「總體小康」，一是水平更高，要從一個國際上中等偏下收入的經濟體向中等偏上收入的經濟體邁進；二是範圍更全，不但經濟、政治、文化、社會、生態無所不包，而且農村不能拖城鎮的後腿，西部地區不能拖東部、中部地區的後腿。國家統計局為全面建設小康社會設計的監測指標有六個方面二十三項之多[3]。監測結果顯示，二〇一〇年全國全面建設小康社會的實現程度達到百分之八十點一，比二〇〇〇年提高二十點五個百分點，平均每年提高二點零五個百分點（見表 1-2-2）。

　　仔細觀察「全面小康」前半程建設的具體情況，經濟發展方面的進展最為突出。二〇〇〇至二〇一〇年，中國的 GDP 總量由九九二一五億元增長到四〇一五一三億元，扣除價格因素，年均增長百分之十點三；中國

3　這六個方面二十三項指標分別是：（1）經濟發展：人均 GDP，R&D 經費支出占 GDP 比重，第三產業增加值占 GDP 比重，城鎮人口比重，失業率；（2）社會和諧：基尼系數，城鄉居民收入比，地區經濟發展差異系數，基本社會保險覆蓋率，高中階段畢業生性別差異系數；（3）生活質量：居民人均可支配收入，恩格爾系數，人均住房使用面積，5 歲以下兒童死亡率，平均預期壽命；（4）民主法制：公民自身民主權利滿意度，社會安全指數；（5）文化教育：文化產業增加值占 GDP 比重，居民文教娛樂服務支出占家庭消費支出比重，平均受教育年限；（6）資源環境：單位 GDP 能耗，耕地面積指數，環境質量指數。

圖 1-2-2　2000-2012 年中國人均國內生產總值增長狀況

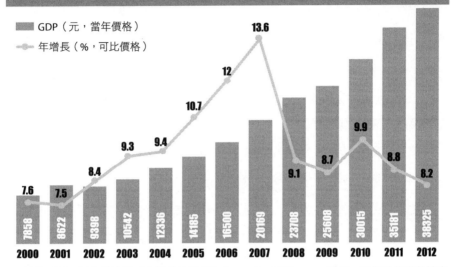

GDP（元，當年價格）
年增長（%，可比價格）

▲ 數據來源：國家統計局《中國統計年鑑》（2012）。二〇一一、二〇一二年的基礎數據為初步核實數，二〇一二年的增長率為筆者匡算數。

的人均 GDP 由七八五八元增長到三〇〇一五元，扣除價格因素，年均增長百分之九點五。具體情況如圖 1-2-1、圖 1-2-2 所示。中國取得這樣的成就殊為不易，因為中國這一時期面對的形勢可以說是外憂內患，挑戰不斷。外憂，主要是美國次貸危機引發的國際金融危機肆虐全球；內患，則是國內非典、雨雪冰凍災害、汶川特大地震等自然災害和重大挑戰接連不斷。這一時期，中國經濟增長對全球經濟發展的貢獻十分顯著。來自國家統計局的統計數據顯示，二〇〇三年至二〇一一年，中國經濟年均增長百分之十點七，而同期世界經濟的平均增速為百分之三點九。中國經濟總量占世界經濟總量的份額，從二〇〇二年的百分之四點四提高到二〇一一年的百分之十左右；中國經濟總量在世界的排序，從二〇〇二年的第六位，

上升至二〇一〇年的第二位。從人均水平看,根據世界銀行的報告,二〇
一〇年中國的人均國民總收入為四二六〇美元,雖然還不及世界平均水平
的百分之四十七,但已經首次超過世界銀行當年界定的中高收入(upper
middle income,UMC)國家三九七六美元分界線,進入中上收入經濟體
行列。從二〇〇六年到二〇一〇年,中國人均國民總收入增長了一倍多,
這種發展速度是舉世矚目的。

　　但是,同一時期,與經濟發展方面的表現相比較,中國社會發展方面
的情形還不盡如人意,有幾個指標甚至退步了。二〇〇〇至二〇一〇年,
城鄉差距從百分之九十九點八倒退為百分之七十點三,基尼系數、社會安
全等均不及二〇〇〇年。東部、中部、西部和東北四大區域全面建設小康

圖1-2-3　中國的GDP增長及其全球位次變化

2000-2011年中國GDP在世界的排名

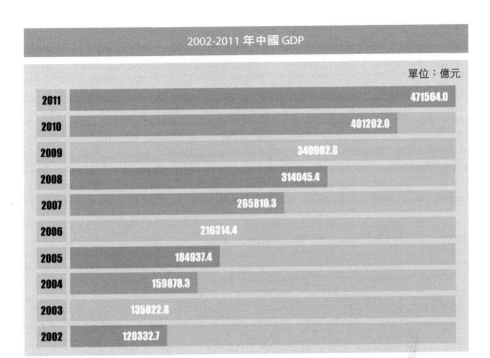

2002-2011 年中國 GDP

單位：億元

年份	GDP
2011	471564.0
2010	401202.0
2009	340902.8
2008	314045.4
2007	265810.3
2006	216314.4
2005	184937.4
2004	159878.3
2003	135822.8
2002	120332.7

2011 年世界部分國家人均 GDP

單位：美元

國家	排名	人均GDP
盧森堡	1	113533
卡塔爾	2	98329
挪 威	3	97255
美 國	14	48387
日 本	18	45920
德 國	20	43742
中 國	89	5414
伯利茲	100	4349

▲ 數據來源：中國國家統計局、聯合國數據庫、國際貨幣基金組織官方網站。

▲ 市場經濟給中國人帶來生活用品的豐富和生活理念的轉變。

社會的實現程度均有上升，但區域間差距仍然較大。放到國際層面看，中國仍然是一個發展中國家，人均 GDP 和消費水平均不及世界平均水平，按聯合國的標準中國大約還有一點五億貧困人口，而且經濟結構不合理，公共教育和醫療服務投入不足，社會保障體系尚不健全，整體科技水平仍顯落後，人均資源和能源擁有量少、供應不足但總量消耗大，環境污染嚴重。還應當指出，像前述這種加權綜合所得出的數據並不能客觀真實地反

映全貌，因為它重視的是平均水平，忽視了懸殊的內部差別。解決地區差別、城鄉差別和貧富差距是建設全面小康社會的一個核心內容，解決城鄉發展不均衡問題是實現工業化、信息化、城鎮化、農業現代化均衡發展的焦點所在。或者可以這麼說，全面建設小康社會，重點在「小社會」層面，難點也在「小社會」層面。中國能否實現順利轉型、跨越所謂「中等收入陷阱」[4]，考驗就在這裡。

4　新興市場國家突破人均 GDP 一千美元的「貧困陷阱」後，很快會向一千美元至三千美元的「起飛階段」邁進；但到人均 GDP 三千美元附近，快速發展中積聚的矛盾集中爆發，自身體制與機制的更新進入臨界，很多發展中國家在這一階段由於經濟發展自身矛盾難以克服，發展戰略失誤或受外部衝擊，經濟增長回落或長期停滯，陷入所謂「中等收入陷阱」。

中國夢

「兩個一百年」的奮鬥目標

總體小康也好，全面小康也罷，都是「中國式」的現代化的階段性目標，說明現代化是中華民族的不懈追求，帶領全國人民致力於實現這一目標是歷史賦予中國共產黨人的重大使命。

新中國成立後，以毛澤東為核心的中共第一代領導集體對於在中國實現工業化和現代化始終懷有強烈的願望和堅定的信念，並為此進行了不懈的追求和探索。他們成功地在中國建立起一整套比較完整的國民經濟體系和門類齊全的工業體系，並於二十世紀五六十年代就為中國確立了在二十

▲ 一九九一年，鄧小平為「八六三」計劃實施五周年題詞：「發展高科技，實現產業化。」

世紀末實現農業、工業、國防和科學技術現代化的戰略目標。他們所經歷的曲折和失誤，多數都與脫離客觀規律、急於求成有關。

基於以往的經驗和教訓，以鄧小平為核心的中共第二代領導集體調低了目標，認為二十世紀末中國所能實現的只是一個中國式的現代化，也就是較低水平的「小康社會」，在二十一世紀中葉也只能達到中等發達國家水平。一九八七年八月，鄧小平在會見意大利客人時明確指出：「我國經濟發展分三步走，本世紀走兩步，達到溫飽和小康，下個世紀用三十年到五十年時間再走一步，達到中等發達國家的水平。這就是我們的戰略目標，這就是我們的雄心壯志。」這個目標在全黨形成共識，寫入了中共十三大報告。此後，從中共十四大到十八大，都重申了這一目標，並且都在完成了或是將要完成上個階段目標的基礎上，適時提出下個階段的新目標。從十四大到十八大，不變的是建黨一百年全面建成小康社會、新中國成立一百年基本實現現代化的總規劃、總追求。這個總規劃、總追求，用以習近平為總書記的中共新一代領導集體的話講，就是要實現國家富強、民族振興、人民幸福的「中國夢」（參見表 1-3-1）。

「中國夢」的豐富內涵

習近平二〇一二年當選中共中央總書記以來，在國內國際多個場合，結合不同工作內容，就「中國夢」的具體內涵、奮鬥目標、總體布局、實現路徑等進行系統闡釋。一時間，「中國夢」成為比「小康社會」更加熱門的詞彙，「中國夢」也容納了較之「小康社會」更豐富的內容，凝聚了幾代中國人的夙願，體現了中華民族和中國人民的整體利益，是每一個中華兒女的共同期盼。

表 1-3-1　從小康社會到中國夢

時間	內容	出處
一九八七年	我國經濟發展分三步走，本世紀走兩步，達到溫飽和小康，下個世紀用三十年到五十年時間再走一步，達到中等發達國家的水平。這就是我們的戰略目標，這就是我們的雄心壯志。	《鄧小平文選》第三卷第二五一頁
中共十三大	黨的十一屆三中全會以後，我國經濟建設的戰略部署大體分三步走。第一步，實現國民生產總值比一九八〇年翻一番，解決人民的溫飽問題。這個任務已經基本實現。第二步，到本世紀末，使國民生產總值再增長一倍，人民生活達到小康水平。第三步，到下個世紀中葉，人均國民生產總值達到中等發達國家水平，人民生活比較富裕，基本實現現代化。然後，在這個基礎上繼續前進。	中共十三大政治報告
中共十四大	從現在起到下個世紀中葉，對於祖國的繁榮昌盛和社會主義事業的興旺發達，是很重要很寶貴的時期。我們的擔子重，責任大。在九十年代，我們要初步建立起新的經濟體制，實現達到小康水平的第二步發展目標。再經過二十年的努力，到建黨一百周年的時候，我們將在各方面形成一整套更加成熟更加定型的制度。在這樣的基礎上，到下世紀中葉建國一百周年的時候，就能夠達到第三步發展目標，基本實現社會主義現代化。	中共十四大政治報告
中共十五大	展望下世紀，我們的目標是，第一個十年實現國民生產總值比二〇〇〇年翻一番，使人民的小康生活更加寬裕，形成比較完善的社會主義市場經濟體制；再經過十年的努力，到建黨一百年時，使國民經濟更加發展，各項制度更加完善；到世紀中葉建國一百年時，基本實現現代化，建成富強民主文明的社會主義國家。	中共十五大政治報告

時間	內容	出處
	表 1-3-1　從小康社會到中國夢	
中共十五屆五中全會	從新世紀開始，我國將進入全面建設小康社會，加快推進社會主義現代化的新的發展階段。……我們已經實現了現代化建設的前兩步戰略目標，經濟和社會全面發展，人民生活總體上達到了小康水平，開始實施第三步戰略部署。這是中華民族發展史上一個新的里程碑。	中共中央關於制定國民經濟和社會發展第十個五年計劃的建議
中共十六大	全面建設小康社會的目標是： ——在優化結構和提高效益的基礎上，國內生產總值到二〇二〇年力爭比二〇〇〇年翻兩番，綜合國力和國際競爭力明顯增強。基本實現工業化，建成完善的社會主義市場經濟體制和更具活力、更加開放的經濟體系。城鎮人口的比重較大幅度提高，工農差別、城鄉差別和地區差別擴大的趨勢逐步扭轉。社會保障體系比較健全，社會就業比較充分，家庭財產普遍增加，人民過上更加富足的生活。	中共十六大政治報告
中共十七大	在十六大確立的全面建設小康社會目標的基礎上對我國發展提出新的更高要求。 ——增強發展協調性，努力實現經濟又好又快發展。轉變發展方式取得重大進展，在優化結構、提高效益、降低消耗、保護環境的基礎上，實現人均國內生產總值到二〇二〇年比二〇〇〇年翻兩番。…… ……	中共十七大政治報告
中共十八大	根據我國經濟社會發展實際，要在十六大、十七大確立的全面建設小康社會目標的基礎上努力實現新的要求。 ——經濟持續健康發展。轉變經濟發展方式取得重大進展，在發展平衡性、協調性、可持續性明顯增強的基礎上，實現國內生產總值和城鄉居民人均收入比二〇一〇年翻一番。…… ……	中共十八大政治報告

時間	內容	出處
	表 1-3-1　從小康社會到中國夢	
中共十八大以來	現在，大家都在討論中國夢，我以為，實現中華民族偉大復興，就是中華民族近代以來最偉大的夢想。這個夢想，凝聚了幾代中國人的夙願，體現了中華民族和中國人民的整體利益，是每一個中華兒女的共同期盼。	習近平二○一二年十一月二十九日在參觀「復興之路」展覽時的講話
	實現全面建成小康社會、建成富強民主文明和諧的社會主義現代化國家的奮鬥目標，實現中華民族偉大復興的中國夢，就是要實現國家富強、民族振興、人民幸福，既深深體現了今天中國人的理想，也深深反映了我們先人們不懈追求進步的光榮傳統。 …… ——實現中國夢必須走中國道路。…… ——實現中國夢必須弘揚中國精神。…… ——實現中國夢必須凝聚中國力量。…… 中國夢歸根到底是人民的夢，必須緊緊依靠人民來實現，必須不斷為人民造福。	習近平二○一三年三月十七日在第十二屆全國人民代表大會第一次會議上的講話
	實現中華民族偉大復興的中國夢，是近代以來中華民族的夙願。我們的奮鬥目標是，到二○二○年國內生產總值和城鄉居民人均收入在二○一○年的基礎上翻一番，全面建成小康社會；到本世紀中葉建成富強民主文明和諧的社會主義現代化國家，實現中華民族偉大復興的中國夢。展望未來，我們充滿信心。	習近平二○一三年三月十九日接受金磚國家媒體聯合採訪
	去年十一月，中國共產黨召開了第十八次全國代表大會，明確了中國今後一個時期的發展藍圖。我們的奮鬥目標是，到二○二○年國內生產總值和城鄉居民人均收入在二○一○年的基礎上翻一番，全面建成小康社會；到本世紀中葉建成富強民主文明和諧的社會主義現代化國家，實現中華民族偉大復興的中國夢。展望未來，我們充滿信心。	習近平二○一三年四月七日在博鰲亞洲論壇二○一三年年會上的主旨演講

時間	內容	出處
	表 1-3-1　從小康社會到中國夢	
中共十八大以來	我們已經確定了今後的奮鬥目標，這就是到中國共產黨成立一百年時全面建成小康社會，到新中國成立一百年時建成富強民主文明和諧的社會主義現代化國家，努力實現中華民族偉大復興的中國夢。	習近平二〇一三年四月二十八日同全國勞動模範代表座談時的講話
	實現中華民族偉大復興，是近代以來中國人民最偉大的夢想，我們稱之為「中國夢」，基本內涵是實現國家富強、民族振興、人民幸福。	習近平二〇一三年三月二十三日在莫斯科國際關係學院的演講
	十三億多中國人民正致力於實現中華民族偉大復興的中國夢，十億多非洲人民正致力於實現聯合自強、發展振興的非洲夢。中非人民要加強團結合作、加強相互支持和幫助，努力實現我們各自的夢想。我們還要同國際社會一道，推動實現持久和平、共同繁榮的世界夢，為人類和平與發展的崇高事業作出新的更大的貢獻！	習近平二〇一三年三月二十五日在坦桑尼亞尼雷爾國際會議中心的演講
	中國夢要實現國家富強、民族復興、人民幸福，是和平、發展、合作、共贏的夢，與包括美國夢在內的世界各國人民的美好夢想相通。	習近平二〇一三年六月七日同美國總統奧巴馬共同會見記者時的講話

二〇一三年三月二十七日，習近平在金磚國家領導人第五次會晤時的主旨講話中指出：「大家都很關心中國的未來發展。面向未來，中國將相繼朝著兩個宏偉目標前進：一是到二〇二〇年國內生產總值和城鄉居民人均收入比二〇一〇年翻一番，全面建成惠及十幾億人口的小康社會。二是到二〇四九年新中國成立一百年時建成富強民主文明和諧的社會主義現代化國家。為了實現這兩大目標，我們將繼續把發展作為第一要務，把經濟建設作為中心任務，繼續推動國家經濟社會發展。我們將堅持以人為本，全面推進經濟建設、政治建設、文化建設、社會建設、生態文明建設，促進現代化建設各個方面、各個環節相協調，建設美麗中國。」此後，四月七日他在博鰲亞洲論壇二〇一三年年會上作主旨演講時再次指出：「我們的奮鬥目標是，到二〇二〇年國內生產總值和城鄉居民人均收入在二〇一〇年的基礎上翻一番，全面建成小康社會；到本世紀中葉建成富強民主文

▲ 二〇一三年十二月，北京街頭的中國夢宣傳語

明和諧的社會主義現代化國家，實現中華民族偉大復興的中國夢。」「我們也認識到，中國依然是世界上最大的發展中國家，中國發展仍面臨著不少困難和挑戰，要使全體中國人民都過上美好生活，還需要付出長期不懈的努力。我們將堅持改革開放不動搖，牢牢把握轉變經濟發展方式這條主線，集中精力把自己的事情辦好，不斷推進社會主義現代化建設。」

中國夢的豐富內涵見之於「大社會」，更見之於「小社會」。「人民對美好生活的向往，就是我們的奮鬥目標」。二〇一二年十一月十五日，在新一屆中央政治局常委媒體見面會上，習近平近二十分鐘的講話，說的最多的是人民，份量最重的是民生。對老百姓來說，這麼一番話尤其振奮人心：「我們的人民熱愛生活，期盼有更好的教育、更穩定的工作、更滿意的收入、更可靠的社會保障、更高水平的醫療衛生服務、更舒適的居住條件、更優美的環境，期盼著孩子們能成長得更好、工作得更好、生活得更好。」裡面一共列舉了老百姓期盼的「十個更好」，可謂對接現實、順應民情。教育、就業、收入分配、醫療、住房一直就是民生領域的關鍵詞，也是社會關切、百姓呼聲的集中點。從這個意義上說，十八大報告中提出的一系列民生發展目標、習近平總書記在講話中提出的「十個更好」，都是對民生關切的積極回應，具體而明確地向人民描繪了未來的幸福生活圖景，這也正是「中國夢」為中國人勾勒的未來社會建設的美好願景。

第二章

人口大國面臨的新形勢和新挑戰

中國是一個人口大國。據世界銀行數據,二〇〇〇年,中國 GDP 總量位居世界第六,人均 GDP 在有數據的一二九個經濟體中排在第七十九;二〇一二年,中國 GDP 總量位居世界第二,人均 GDP 在有數據的一八〇個經濟體中排第九十二,相對位次前移了一些。近三十年來,盡管中國人均 GDP 的增長是金磚五國中最穩定的,增速也很高,但一論具體位次,中國只是高於印度,原因同印度一樣,就是每年都要增加一個中等規模國家的人口,新增人口消耗掉全國 GDP 增量的四成左右,人均 GDP 被新增人口稀釋掉了。而且,這一時期,中國每年還要增加近六百萬的流動人口、近六百萬的老年人口。人口總量增長率低,但基數巨大;經濟發達程度有限,但老年人口規模巨大;城市化水平不高,但流動人口規模巨大。這三個「巨大」是進入二十一世紀以來中國人口發展的主要態勢。此外還有令人頭痛的出生性別比問題,既是難題,也是隱患。

生育政策與人口增長

「適度人口」的基本原理

理想的人口結構、適度的人口規模，是現代社會追求的目標。這是因為人口既是生產者，也是消費者。作為生產者的人口，只有同生產資料相結合，才能成為現實的生產力；作為消費者的人口，則天然地有賴於足夠的生活資料特別是食物的供應，如此才能滿足人口自身的再生產的需要。就業水平和食物供應水平是觀察人口規模是否適度的兩個最主要的指標，除此之外還要關注環境和資源的承載能力，它關係到就業和食物保障的可持續性。假設食物供應不足不存在分配不均或天災人禍，那麼這種不足就一定是由於人口增長的速度超過了生活資料增長的速度所引起的；同樣道理，假設就業不足不存在結構性失業或經濟危機，那麼這種不足也一定是由於人口增長的速度超過了生產資料增長的速度所引起的。這兩種情況都表明存在絕對的人口過剩（當然，人口承載力是社會生產力的函數）。通常，在一個封閉的社會中，調適人口規模、降低人口自然增長率不外乎降低人口出生率或提高人口死亡率兩個途徑。從趨勢上看，人口死亡率會隨著經濟和社會發展水平的提高而降低，從而人均壽命延長，而人口出生率則會隨著現代化水平的提高而逐步降低。這一原理表明，在現代化水平較低、人口增長過快時，人類主動地對人口出生率施加影響是必要的，這也是發展中經濟體所會面臨的共同問題。然而，人類明確意識到這一點還是十八世紀末以來的事情；現代避孕藥具的發明和普及更是十九世紀特別是二十世紀中期以來的事情。

中國的人口增長和生育政策

中國的國土面積居世界第三位，與面積差不多的加拿大、美國相比，中國人口是加拿大的四十二倍，是美國人口的四點七倍；與面積大得多的俄羅斯相比，中國人口是俄羅斯的九倍。在世界上，人口在五千萬以上的

▲ 面對婚姻、後代，今天的人們有了更多的思考。

國家就被稱為人口大國，而中國的河北、山東、河南等九省的人口各自都超過五千萬。如果全中國人手拉手站成一列，能環繞地球赤道五十圈。

中國可能自古以來就是世界第一人口大國，但是人口開始快速增長，只是最近這一個半世紀的事情。一九四九年新中國成立後，人口曲線更是直線上升，先後經歷了幾次增長高峰。新中國成立初期是第一次增長高峰，那時戰亂逐漸平息，社會恢復安定，經濟快速增長，醫療衛生條件明顯改善，人民生活水平有較大提高，從而人口死亡率大大下降，像第二次世界大戰結束後的許多國家一樣，出現了「人口大爆炸」局面。一九五四年十一月一日，中國政府公布了關於第一次全國人口調查登記結果的公報。公報顯示，至一九五三年六月三十日二十四時，全國人口數量為五八二六〇萬人，不到四年，就比新中國成立時估計的「四萬萬七千五百萬」多出一億多。這一數字引起輿論嘩然，一時間出現了一場全國範圍的關於要不要節制生育的大討論。結果適度節制生育的主張占了上風，認為小孩生多了，父母、家庭、小孩本身都會遇到困難，社會和國家也困難。衣、食、醫藥、學校等等都不夠，而且一下子也解決不了。有鑑於此，政府從政策上作了調整，對計劃生育轉持積極態度。接下來，經歷了五〇年代末六〇年代初三年短暫的非正常人口負增長以後，中國再次出現「人口大爆炸」局面，這次「爆炸」勢頭更猛，一九六二年出生的人口幾乎等於前兩年出生人口的總和，一九六三年出生的人口更多，成為新中國成立以來出生人口最多、出生率和自然增長率最高的年份。這種局勢再次引起中國領導人的警覺和高度重視，以一九六二年底中共中央、國務院發出《關於認真提倡計劃生育的指示》為標誌，計劃生育（特別是在城市）進入新階段。一九六四年初，國務院計劃生育委員會和國務院計劃生育辦公室先後

▲ 中國傳統的大家庭

成立，加大了對計劃生育工作的領導和協調力度，同時也加大了對相關工作（包括藥具研制和生產）的財政支持力度。七〇年代初，面對人口出生率和人口自然增長率居高不下的嚴峻形勢，計劃生育被納入國民經濟計劃，國務院成立計劃生育領導小組，以「晚、稀、少」為內容的生育政策在全國城鄉得到推行，人口增長速度隨之逐步下降，淨增人口規模從一九七一年的一九五〇多萬減少到一九七七年的一一〇〇萬，六年少增三一〇〇萬人，自然增長率下降百分之十一點三，年均增長水平遠低於六〇年代和五〇年代。值得注意的是，這一時期，雖然中央在工作中依然承繼了此前重視宣傳、依靠群眾、不搞強迫命令的原則，但各地在貫徹落實時行政干預的力度越來越強了。

▲ 計劃生育政策有效降低了中國人口的增長速度。

表 2-1-1　六次全國人口普查人口基本情況

指標	1953	1964	1982	1990	2000	2010
總人口（萬人）	58260	69458	100818	113368	126583	133972
性別比（以女性為100）	107.56	105.46	106.30	106.60	106.74	105.20
家庭戶規模（人/戶）	4.33	4.43	4.41	3.96	3.44	3.10
各年齡組人口比重（%）						
0-14 歲	36.28	40.69	33.59	27.69	22.89	16.60
15-64 歲	59.31	55.75	61.50	66.74	70.15	74.53
65 歲及以上	4.41	3.56	4.91	5.57	6.96	8.87

表 2-1-1　六次全國人口普查人口基本情況

民族人口

漢族 （萬人及比重%）	54728 （93.94）	65456 （94.24）	94088 （93.32）	104248 （91.96）	115940 （91.59）	122593 （91.51）
少數民族 （萬人及比重%）	3532 （6.06）	4002 （5.76）	6730 （6.68）	9120 （8.04）	10643 （8.41）	11379 （8.49）

每 10 萬人擁有的各種受教育程度人口（人）

大專及以上		416	615	1422	3611	8930
高中和中專		1319	6779	8039	11146	14032
初中		4680	17892	23344	33961	38788
小學		28330	35237	37057	35701	26779
文盲人口 （萬人及文盲率%）		23327 （33.58）	22996 （22.81）	18003 （15.88）	8507 （6.72）	5466 （4.08）

城鄉人口（萬人）

城鎮化率%	13.26	18.30	20.91	26.44	36.22	49.68
城鎮人口	7726	12710	21082	29971	45844	66557
鄉村人口	50534	56748	79736	83397	80739	67415
平均預期壽命（歲）			67.77*	68.55	71.40	74.83
男			66.28*	66.84	69.63	72.38
女			69.27*	70.47	73.33	77.37

注：
一九五三年、一九六四年、一九八二年及一九九〇年全國人口普查標準時點為當年七月一日零時，二〇〇〇年和二〇一〇年全國人口普查標準時點為當年十一月一日零時。

歷次普查總人口數據中包括了中國人民解放軍現役軍人。在城鄉人口中，中國人民解放軍現役軍人列為城鎮人口統計。

一九六四年文盲人口為十三歲及十三歲以上不識字人口，一九八二、一九九〇、二〇〇〇、二〇一〇年文盲人口為十五歲及十五歲以上不識字或識字很少人口。

表中*號表示為一九八一年數據。

數據來源：國家統計局《中國統計年鑑》（2012）。

二十世紀七〇年代末期，知青返城[1]促成允許自主就業、多種渠道解決城鎮就業問題的相關政策出臺，農村各種農業生產責任制逐步取代人民公社體制下的集體勞動方式，這不但拉開了中國新時期改革開放的帷幕，也將一定程度上被傳統體制掩蓋了的人口壓力一下子釋放出來。面對人口與資源、人口與就業、人口增長與經濟發展的突出矛盾，中國政府被迫對「晚、稀、少」的工作方針作出改變，於一九八〇年正式出臺了有差別的獨生子女政策，提倡一對夫婦只生育一個孩子。一九八一年設立國家計劃生育委員會，將負責計劃生育的機構作為國務院的一個部門正式獨立出來。一九八二年起計劃生育政策開始被視為一項基本國策，得到強制推行；從中央到地方各級計劃生育管理部門在政府機構改革中得到加強，建立了自上而下的強有力的組織機構，保證了生育政策的貫徹實施。這一年年初發布的《中共中央、國務院關於進一步做好計劃生育工作的指示》闡述了計劃生育工作的戰略意義：「如何使人口增長同國民經濟的增長相適應，這是我國必須解決的一個重大問題」，「擺在我們面前有兩種可能：或者是嚴格地有效地控制人口的增長，使全體人民的生活水平逐步提高，國家建設逐年擴大；或者是控制不嚴，措施不力，聽任人口繼續大量增

1　計劃經濟時期，中國政府迫於就業壓力，組織大量城市「知識青年」離開城市，到農村定居和勞動。這一舉措從二〇世紀五〇年代便被倡導，至六〇年代展開，一九六六至一九七六年的「文化大革命」時期發展為一種政治運動（俗稱「上山下鄉」運動）。據統計，一九六六年以前下放到農村的城市青年數量不多，但一九六七年至一九七九年十三年間下放人數大約有一六五〇萬之多（潘鳴嘯：《「上山下鄉」運動再評價》，《社會學研究》2005 年第 5 期）。一九七九年後，絕大部分知青陸續返回了城市，也有部分人在農村結婚「落戶」，永遠地留在了農村。

▲ 家庭是中國社會的基石。

長，從而既不能改善人民生活，也不能很好地進行經濟、文化、國防的建設。二者必居其一。」這一年，從中共十二大報告到新修改的憲法，都對強制性的計劃生育政策給予了積極回應。

一九八二年以後，為保證獨生子女政策的順利實施，結合各地實踐經驗，在具體規定上作了些必要調整，一是控制生育二胎的條件有所放寬（特別是農村），二是嚴格禁止計劃外生育，三是對少數民族的計劃生育要求也日趨明確，四是適時對流動人口計劃生育工作和城市計劃生育工作進行了改革。從一九九一年起，中共中央幾乎每年都要召開專題匯報會或座談會，研究部署人口和計劃生育工作。二〇〇一年《人口與計劃生育法》的頒布實施，進一步以法律形式確定了計劃生育基本國策的地位，結束了長期以來主要依據政策和地方法規開展人口與計劃生育工作的歷史，穩定了國家的現行生育政策，把計劃生育全面納入了法制化的軌道。

▲ 計劃生育郵票，一九八三年九月發行，一套二枚。

　　就這樣，從七〇年代、八〇年代到九〇年代，中國很快實現了人口再
生產類型的轉變，從高出生率、低死亡率、高增長率的「兩高一低」過渡
型轉變為接近發達經濟體的低出生率、低死亡率、低增長率的現代型，總
和生育率低於更替水平[2]。從圖 2-1-1 不難看出，這一時期中國的人口死亡

2　更替水平是指這樣一個生育水平，同一批婦女生育女兒的數量恰好能替代她們本
　　身。一旦達到生育更替水平，出生和死亡將逐漸趨於均衡，在沒有國際遷入與遷
　　出的情況下，人口將最終停止增長，保持穩定狀態。這個過程所需的時間依人口
　　年齡結構的不同而不同。目前，幾乎所有發達國家的生育率都已達到或低於更替
　　水平。一般認為，總和生育率為二點一即達到了生育更替水平。發展中國家的死
　　亡率較高，因此，達到生育更替水平的總和生育率一般高於二點一。

▲ 山東省平陰縣安城鎮北聖村的計生標語：「堅持依法行政，構建和諧計生。」

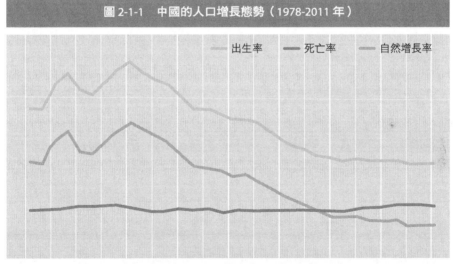

圖 2-1-1　中國的人口增長態勢（1978-2011 年）

出生率　　死亡率　　自然增長率

1978 1981 1983 1985 1987 1989 1991 1993 1995 1997 1999 2001 2003 2005 2007 2009 2011

▲ 數據來源：根據《中國統計年鑑》（2012）中的數據繪制

率變動相對平穩，人口自然增長率與人口出生率走勢高度吻合。八〇年代正值第三次人口增長高峰，有兩次波動，一九八一至一九九〇年出生率一直在二十以上，相應地人口自然增長率處在十三點零八至十六點六一的區間，每年新增人口一千五百萬以上。進入九〇年代，出生率和增長率一直保持下降的趨勢，出生率從一九九一年的一九點六八降到了二〇〇〇年的十四點零三，同期人口自然增長率從十二點九八下降到了七點五八，每年新增人口與八〇年代相比減少二百萬左右。進入二十一世紀以來，人口出生率降到了十一點九至十三點三八的區間，人口自然增長率從一九九八年開始就一直在不斷下降的個位數運行，呈平滑下降的慣性增長態勢，每年新增人口七百多萬。今後中國的人口自然增長率會越來越低，每年新增人口會越來越少，但是這個過程會比較慢，實現人口零增長並轉為負增長估計還需要二〇餘年（峰值大致在十五億左右）。在此之前，中國人口規模會被印度超越，由世界第一人口大國變為第二人口大國。

節制生育的積極效果

談論中國改革開放以來所取得的一系列輝煌成就，不可忽視生育政策帶來的正效應。一方面，這一時期，中國人口正處於勞動人口比重大、人口撫養比相對較低、能夠提供成本較低的勞動力資源和較高的儲蓄率的時期，在良好的經濟體制保障下，為經濟持續快速增長提供了重要的源泉和動力。另一方面，持續的計劃生育政策不但縮小了分取經濟「蛋糕」的分母，而且緩減了資源承載上的負擔，還為人力資本的改善和開發提供了越來越大的空間。出現在中國初中《地理》教科書中的一個表（表 2-1-2）一個圖（圖 2-1-2），生動地顯示出了節制生育、降低人口增長率的多方面

表 2-1-2　中國的自然資源擁有量

人口	自然資源總量占世界位次	人均占有量占世界位次
	耕地面積第四位	第六十七位
12.95 億人（2004 年中）	森林面積第六位	第一二一位
	年產礦石第三位	第八十位
	水資源總量第六位	第八十八位

圖 2-1-2　中國每年新增人口消耗占當年新增財富的百分比

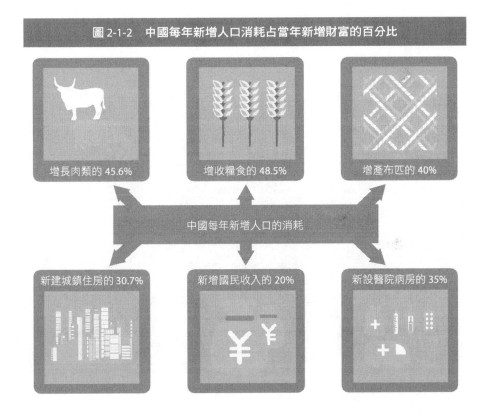

增長肉類的 45.6%　增收糧食的 48.5%　增產布匹的 40%

中國每年新增人口的消耗

新建城鎮住房的 30.7%　新增國民收入的 20%　新設醫院病房的 35%

價值。二○○○年，中國科學院發布的當年《中國可持續發展戰略報告》指出，中國每年新增人口消耗新增 GDP 的份額從二十世紀八○年代初的百分之二十五下降到一九九九年的百分之十八，平均每年以接近一個百分點的速率迅速下降，體現了人口政策的巨大成功。該報告表明中國人口數量零增長戰略目標的實現，將拉動每年的 GDP 增長一點二至一點五個百分點；每年提供的就業機會將在原有的基礎上再增加零點零六五至零點零七倍；資源和能源利用彈性系數的下降速率將會加快零點零二；保證二○五○年全國人均教育年限達到十二年；在原有基礎上加速提高人均預期壽命零點一五倍；加速中國人文發展指數的提升速度零點一三倍。不管這樣的計算引發多大的爭議，多年來，中國的 GDP 一直保持高速增長、高於世界平均水平，但人口增長卻低於世界平均水平。這「一高一低」是不爭

▲ 中國擁有豐富的勞動力資源。

的事實。

　　從人口結構特徵看，中國勞動年齡人口規模龐大，勞動力資源充足。二〇一〇年十五至五十九歲的人口有九點四億，占總人口的百分之七十，「十二五」期間達到峰值後將緩慢下行，但在二〇四五年前勞動年齡人口仍然保持在八億以上，多於歐洲人口總和。因此，未來中國勞動力數量不會短缺，實現充分就業任重道遠。改革開放以來，中國正是依托豐富、廉價的勞動力資源，充分發揮勞動力比較優勢，積極參與國際分工，逐步發展成為世界製造業巨頭。目前中國製造業增加值占世界製造業的比重已提高到百分之二十左右，超過美國，居世界第一位。作為發展中的人口大國，中國要完成二十一世紀中葉基本實現現代化的戰略目標，離不開製造業的強力支撐。但是，中國製造業大多處於價值鏈的低端，產業附加值低，在大國經濟體紛紛實施「回歸實體經濟戰略」的大潮中，迫切需要向產業鏈高端轉移。何況中國的製造業產能已經嚴重過剩，近年來的全球性經濟危機形成了一種倒逼機制，調整產業結構、轉變發展方式是唯一的選擇，也是最佳時機。中國經濟升級，要靠科技進步，靠勞動生產率提高，靠人力資源「紅利」，而不是靠簡單的勞動力「紅利」。在中國，著力提高人口素質，建設人力資源強國，已成為統籌解決人口問題、提高核心競爭力、確保經濟可持續增長的關鍵所在。

家庭小型化和人口老齡化

人口撫養比和家庭戶人口規模的變化

圖 2-2-1 是根據六次人口普查資料繪製的中國人口撫養比變動狀況。該圖顯示，中國實行強制性的計劃生育政策以來，在大大減少了新增人口規模的同時，迅速改善了人口年齡結構。在六次人口普查數據中，人口撫養比從一九六四年最高的七十九點四、一九八二年的六十二點六，下降到了一九九〇年的四十九點八、二〇〇〇年的四十二點六、二〇一〇年的四十三點二，由此節約下來的巨額人口撫養費用就部分地構成了所謂「人口紅利」。但是，聯繫表 2-2-1 來看，在人口出生率、總和生育率下降的同時，是少兒撫養比的減小和老年撫養比的相對增大（雖然人口撫養比總體在減小）。而且，伴隨婦女總和生育率下降的是家庭戶人口規模的不斷縮小，一九九〇、二〇〇〇、二〇一〇年家庭戶平均人口分別從一九八二年的四點四一人減少到了三點九六人、三點四四人、三點一人。從發達國家的經驗來看，隨著工業化和城市化水平的不斷提高，人口流動性的增強，中國的家庭戶人口規模未來會持續減小。而這種家庭小型化的趨向也使得家庭的功能發生變化，特別是當面臨人口老齡化時，傳統的家庭養老功能

表 2-2-1 　六次人口普查家庭戶人口規模和總和生育率

指標	1953	1964	1982	1990	2000	2010
家庭戶規模（人/戶）	4.33	4.43	4.41	3.96	3.44	3.1
總和生育率	6.05	6.18	2.86	2.31	1.23	1.18

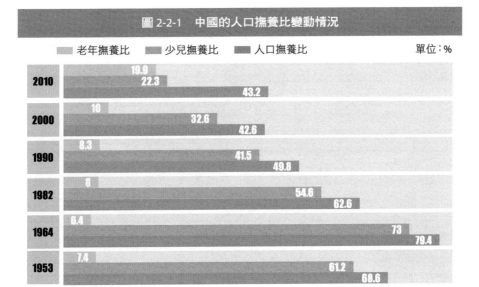

圖 2-2-1　中國的人口撫養比變動情況

<table>
<tr><td>老年撫養比</td><td>少兒撫養比</td><td>人口撫養比</td><td>單位：%</td></tr>
</table>

2010 19.9 / 22.3 / 43.2

2000 10 / 32.6 / 42.6

1990 8.3 / 41.5 / 49.8

1982 8 / 54.6 / 62.6

1964 6.4 / 73 / 79.4

1953 7.4 / 61.2 / 68.6

大大削弱了。

家庭小型化趨勢

　　學術界通常按家庭的代際層次和與親屬的關係把家庭分為：（一）核心家庭，即由父母和未婚子女所組成的家庭；（二）主幹家庭，亦稱直系家庭，即由父母和一對已婚子女，比如由父、母、子、媳所組成的家庭；（三）聯合家庭，亦稱復合家庭，即由父母和兩對或兩對以上已婚子女所組成的家庭，或者是兄弟姐妹婚後不分家的家庭；（四）其他家庭（以上三種類型以外的家庭）。家庭小型化的表現之一，首先就是核心家庭比重的上升。這裡有幾個原因：一是中國歷史上是小農經濟占主導地位的農業大國，核心家庭比重本來就較高，農業集體化以後農村家庭很快就核心化了，家庭承包經營後這種趨勢又有了新發展；二是伴隨工業化、市場化、

▲ 今天中國的家庭，一般是父母和孩子組成的三口之家。

城市化和現代生活方式的普及，包括人口流動性的增強、婚姻家庭觀念的變化[3]，孩子養育成本不斷攀升，父母生育意願顯著降低，家庭結構呈現核心化趨勢；三是計劃生育一定程度上導致獨生子女家庭增多，城市受到的政策約束較強，因而城市的獨生子女家庭所占的比重明顯增加，在北京、上海、天津三個直轄市占到了一半以上。以上三個原因在促成家庭戶人口規模小型化的同時，也使核心家庭在家庭結構中的主導地位得到加強和凸顯。

　　核心家庭比重不斷上升是二十世紀下半葉以來中國家庭結構演化的總

3　如結婚率下降、離婚率上升，婚姻對性關係的約束削弱，輕老重幼的親子關係，還有後面所講的家庭養老的困境等。參見唐燦：《中國城鄉社會家庭結構與功能的變遷》，《浙江學刊》2005 年第 2 期。

表 2-2-2　三次人口普查顯示的家庭結構

普查年份	核心家庭				直系家庭						復合家庭			單人家庭	缺損家庭	其他	合計
	一對夫婦	父母子女	父母一方和子女	擴大	小計	二代直系	三代直系	四代直系	隔代直系	小計	二代復合	三代及以上復合	小計				
1982	4.78	52.89	14.31		71.98		16.63	0.52	0.66	17.81	0.11	0.88	0.99	7.97		1.02	100.00
1990	6.49	57.81	9.50		73.80		16.65	0.59	0.66	17.90	0.09	1.06	1.15	6.32		0.81	100.00
2000	12.93	47.52	6.35	1.62	68.15	2.37	16.63	0.64	2.09	21.73	0.13	0.44	0.57	8.57	0.73	0.26	100.00

數據來源：引自王躍生：《當代中國家庭結構變動分析》，《中國社會科學》2006 年第 1 期。

趨勢，符合工業化、城市化發展的一般趨勢。但如表 2-2-2 所示，二〇〇〇年的數據與一九九〇年相比，核心家庭所占的比重有所降低，有學者認為這與農村家庭二十世紀七〇年代以來出生子女大量減少有直接關係[4]，也有學者進一步指出是農村家庭戶多子分家類型急劇減少[5]，加之養老保障體系不健全，因而主幹家庭（直系家庭）比重有所上升。二〇一〇年的人口普查數據證實這一趨勢仍在延續，但從家庭戶規模上看，與二〇〇〇年相比，在三人戶由百分之二十九點九五減少到百分之二十六點八六的同時，二人戶和一人戶分別由百分之十七點零四和百分之八點三〇增加到了百分之二十四點三七和百分之十四點五三，合計一至三人戶提升了百分之十點四七個百分點，其他四人以上戶比重全都下降，可見家庭小型化仍在持續而且是很明顯的。

在聯合家庭（復合家庭）比重持續下降、核心家庭比重略有減少的同時，二人戶和一人戶比重相應增多[6]，這可能同時意味著夫妻家庭、單親家庭和獨居家庭的增多。其中，夫妻家庭既可能是丁克家庭，也可能是空巢家庭甚至失獨家庭；獨居家庭既可能是單身家庭（含離異），也可能是鰥寡家庭。失獨家庭是獨生子女政策的副產品。而空巢家庭和鰥寡家庭的增多，特別是核心家庭可能的空巢化趨向，則是家庭小型化與人口老齡化的復合產物。

4　王躍生：《中國農村家庭的核心化分析》，《中國社會科學》2007 年第 5 期。

5　龔為綱：《農村分家類型與三代直系家庭的變動趨勢——基於對全國人口普查數據的分析》，《南方人口》2013 年第 1 期。

6　當然二人戶當中也可能存在隔代家庭，特別是農村留守老人加留守兒童的場合。

人口老齡化

隨著人口出生率的降低和人均預期壽命的不斷延長，按國際通行標準，中國早在二十世紀末本世紀初就已經跨入了老齡化社會的門檻，是發展中國家中較早進入老齡化社會的國家之一[7]。由於人口基數大、預期壽命較高[8]、老齡化呈加速態勢，中國很快成為世界上老年人口最多的國家。據聯合國預測，一九九〇至二〇二〇年世界老齡人口年平均增長速度為百分之二點五，同期中國老齡人口的遞增速度為百分之三點三，世界老齡人口占總人口的比重從一九九五年的百分之六點六上升至二〇二〇年的百分之九點三，同期中國由百分之六點一上升至百分之十一點五，中國的增長速度和比重兩方面都超過了世界平均水平。到二〇二〇年中國六十五歲以上老齡人口將達一點六七億人，約占全世界老齡人口六點九八億人的百分之二十四，全世界四個老年人中就有一個是中國老年人。計量人口老齡化進程快慢的一個通用指標，就是看六十五歲或以上的人口比例從百分之七上升到百分之十四、又從百分之十四上升到百分之二十一總共經歷多長一段時間。如圖 2-2-2 所示，在許多發達國家，歷史上的老齡化步幅並

7　按照聯合國的傳統標準是一個地區六十歲以上老人達到總人口的百分之十，新標準是六十五歲老人占總人口的百分之七，該地區即可視為進入老齡化社會。中國第五次人口普查數據顯示，二〇〇〇年，六十五歲以上老年人口已達八八一一萬人、占總人口百分之六點九六，六十歲以上人口達一點三億人、占總人口百分之十點二。

8　二〇〇〇年，中國人口平均預期壽命為七十一點四〇歲，比世界平均水平高五歲，比發展中國家和地區高七歲。二〇一〇年，中國人口平均預期壽命提高到七十四點八三歲，同期世界人口的平均預期壽命為六十九點六歲，其中高收入國家及地區為七十九點八歲，中等收入國家及地區為六十九點一歲。

不大。以法國為例，它的六十五歲或以上人口比例從百分之七上升到百分之十四花了一百多年的時間，預計這個比例要達到百分之二十一還得再花四十年的時間。相比之下，預計日本只需四十年的時間即可完成這一轉化過程（即六十五歲或以上人口比例從百分之七上升到百分之二十一）。在包括中國、韓國和突尼斯在內的一些發展中國家，老齡化的步幅甚至更快，因為這些國家全都經歷過生育率快速下降的過程。而且，在大多數國家，八十歲或以上人口的增長比老年人口的其他年齡段要快，也就是說老年人口本身的人口結構也會逐漸老化。

圖 2-2-3 是原國家計劃生育委員會國家人口發展戰略研究課題組二○○七年提出的報告中，對本世紀前半葉中國老齡化發展趨勢作出的預

▲ 中國已經進入老齡化社會。

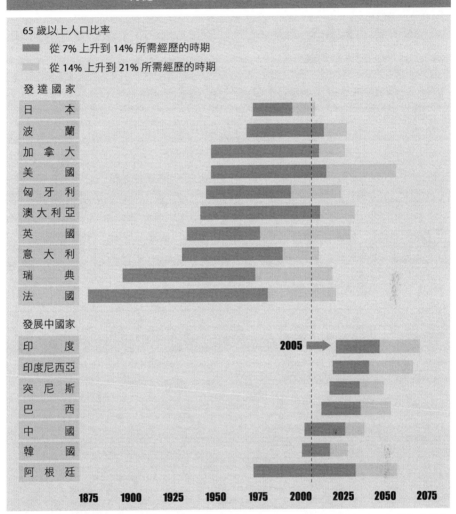

圖 2-2-2　選定國家六十五歲或以上人口比例從 7% 上升到 14%、再從 14% 上升到 21% 所需經歷的時間

65 歲以上人口比率

從 7% 上升到 14% 所需經歷的時期

從 14% 上升到 21% 所需經歷的時期

發 達 國 家

日　　　本
波　　　蘭
加 拿 大
美　　　國
匈 牙 利
澳 大 利 亞
英　　　國
意 大 利
瑞　　　典
法　　　國

發展中國家

印　　　度
印度尼西亞
突 尼 斯
巴　　　西
中　　　國
韓　　　國
阿 根 廷

2005

1875　1900　1925　1950　1975　2000　2025　2050　2075

▲ 圖表來源：引自聯合國經濟和社會事務部《2007 年世界經濟與社會概覽：老齡化世界的發展》，第 13 頁。見聯合國網站。

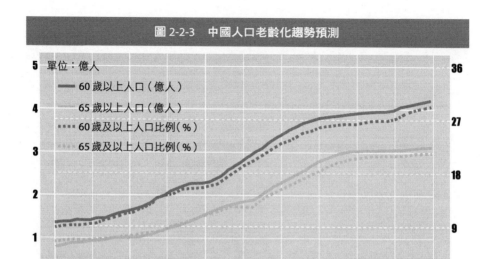

圖 2-2-3　中國人口老齡化趨勢預測

▲ 圖表來源：引自二〇〇七年《國家人口發展戰略研究報告》，中國政府網，2007 年 1 月 11 日。

圖 2-2-4　聯合國預測的中國人口撫養比變化

▲ 數據來源：聯合國開發計劃署《2013 人類發展報告》，第 99 頁。兩條數據重合部分為實際走勢，分開部分為預測走勢。

測。預計到二〇二〇年，六十歲以上和六十五歲以上老年人口的比重將分別占到百分之十六點〇和百分之十一點二，本世紀四〇年代後期形成高峰平臺，兩項比重將分別達到百分之三十和百分之二十二。報告特別指出，農村社會養老保障制度不健全，青壯年人口大量流入城市，使農村老齡化形勢更為嚴峻。

從發達國家的經驗來看，人口結構老化是個不可逆轉的趨勢，但人口老化的後果卻取決於為解決這些挑戰所制定的各項政策。老齡化給大多數社會帶來的後果是，有收入的工作人口相對於依賴他人收入的不工作人口的數量有所下降，社會老年人口撫養比乃至社會整體人口撫養比上升。在發達國家，人口撫養比可能在二〇〇五年達到了歷史上的最低點；由於老年撫養比持續上升，預計未來這些發達國家總體人口撫養比將逐步增高。中國的走勢與發達國家驚人地相似，盡管中國還只是一個發展中大國。圖2-2-4 是聯合國最新預測的中國人口撫養比走勢。從數據上看，中國比發達國家差不多晚五年達到人口撫養比的最低點，二〇一〇年以後隨著老年撫養比的提升，社會整體人口撫養比逐步升高，二〇三五年將會恢復到一九九〇年時的水平，二〇五〇年將會逼近一九八〇年時的水平，只是整體人口撫養比中少兒撫養比與老年撫養比顛倒了一下位置。

空巢家庭和家庭養老功能的削弱

在發展中國家，大多數老年人與自己的成年子女一起生活。這種情況在亞洲和非洲占六十歲或以上老年人的四分之三，在拉丁美洲占三分之二，老年人獨居的比率相對比較低。中國自古就有「養兒防老」的傳統，直到今天，農村仍有六成（含有子女外出打工的家庭）、城市接近半數的

▲ 漫畫:「4+2+1」家庭,如何養老又養小?

父母與子女相伴。家庭養老一直是中國的主要養老方式和養老制度;在農村,因為沒有正規的退休制度和社會保障機制,來自子女的供養更是絕大多數父母失去勞動能力後的主要寄托。中國《憲法》規定,成年子女有贍養扶助父母的義務。《婚姻法》規定,父母對子女有撫養教育的義務;子女對父母有贍養扶助的義務。《老年人權益保障法》更明確規定:「老年人養老主要依靠家庭,家庭成員應當關心和照料老年人。」還規定「贍養人應當履行對老年人經濟上供養、生活上照料和精神上慰藉的義務,照顧老年人的特殊需要」。

但是,這種養老體制正在受到來自家庭小型化和人口老齡化兩股潮流

的日益嚴重的沖擊。尤其是對獨生子女戶來說，他們所要面對的可能是一個「四二一」家庭結構：父母四人，孩子一人，夾在中間的是不堪重負的夫婦二人。於是，越來越多的父母主動選擇了空巢或被動地走向了空巢。二十世紀八〇年代城市裡的空巢家庭大約只占老年家庭的一成左右，十年後就增加到了三成。二〇〇〇年，根據全國第五次人口普查，有六十五歲及以上老年人的家庭戶占全國家庭戶總數的百分之二十點零九（即1/5），其中空巢家庭戶占百分之二十二點八三，空巢家庭戶中單身老人戶占百分之十一點四六。二〇一二年，中國城市老年人「空巢家庭」比例已近半（49.7%）；農村老年人「空巢家庭」比例上升很快，也達到了百分之三十八點三。

獨生子女的現實不僅使父母早早步入空巢階段，經歷更長的空巢期，同時也將他們置於一種更加脆弱的家庭養老的基礎之上，經濟來源、生活照料，特別是親子交往、精神慰藉，他們能從這唯一的孩子身上得到的都非常有限。可以說獨生子女政策的實施，一個重要的影響就是大大削弱了傳統社會「家文化」的基礎，長期以來中國社會中建立在多子女基礎之上的養老實踐，或許在許多重要的方面不能為獨生子女家庭的養老問題提供經驗。

與普通空巢家庭相比，失去獨生子女的家庭即「失獨家庭」的境況更令人關注。根據衛生部發布的《中國衛生統計年鑑》（2010），中國每年新增七點六萬個失獨家庭，五十歲以上失獨群體日益龐大，全國失去獨生子女家庭已經超百萬個。有關專家推算，一九七五至二〇一〇年出生的二點一八億獨生子女中，超過一千萬會在二十五歲之前死亡。這意味著有二千萬名父母在中老年時失去唯一的子女，成為孤立無助的失獨老人。

大規模的人口流動和人口遷移

以農民工為主體的人口大流動

在中國，一談起人口流動，給人印象最深刻的莫過於城市裡大量湧入的農民工和一年一度的春運。「春運」是中國的專有名詞，指春節期間的交通運輸。春節是中國人最重要的節日，地位相當於西方人的聖誕節，是全家人團聚的日子。每逢春節，火車站、汽車站、飛機場、港口，陸、空、海，摩肩接踵，人頭攢動，蔚為壯觀，甚至可以說是全世界一大奇觀。剛剛過去的二〇一四年春運為期四十天，全國出行人數突破三十六億（人次），超過了二〇一三年全年全國旅游人次。這些年，中國的旅游市場也十分火熱，根據國家統計局的統計公報，二〇一三年，中國國內游客三十二點六億人次，國內居民出境九八一九萬人次（其中因私出境 9197 萬人次），分別比上年增長百分之十點三和百分之十八（其中因私出境增長 19.3%），是二〇〇三年的三點七倍和三點四倍（其中因私出境 6.2 倍）。不過這裡所講的人口流動不包括這些因出差、就醫、上學、旅游、探親、訪友等事由異地居住、預期將返回戶籍所在地居住的流動行為；這裡所講的流動人口是指像農民工、「北漂」[9]那樣離開戶籍所在地，以工作、生活為目的異地居住的成年育齡人員。

9　北漂，也稱北漂一族。是特指來自非北京地區的、非北京戶口（即傳統上的北京人）的、在北京生活和工作的人口。類似的現象也見之於上海、廣州等特大城市和大城市。

◀ 春運高峰來臨，乘長途汽車返鄉的打工者湧到廣東省東莞市長安汽車站。

　　改革開放以來，十多億中國人最突出的變化，莫過於空前的波瀾壯闊的人口流動。由於中國正處在城市化加速發展時期，迄今國內人口流動的大趨勢是從農村流向城市、由中西部地區流向東南沿海地區。依據二〇〇五年百分之一抽樣調查資料，一四七三五萬流動人口分布在全國所有的省（市、區），幾乎找不到沒有流動人口的地方。河南省是流入人口占當地總人口中比例最低的地區，盡管如此，流動人口所占比例也達到百分之二點五二。部分城市和經濟發達地區集中了大部分流動人口。上海、廣東、北京、浙江、福建等省（市）接收的流動人口占當地常住總人口比例分別

高達百分之三十四、百分之二十六、百分之二十三、百分之二十和百分之十九。在這些省（市），平均每五個人甚至每三個人中就有一個流動人口。二〇一〇年第六次人口普查的人口數據與第五次人口普查相比，廣東在總人口中的比重從百分之六點八三上升到百分之七點七九，人口過億。北京的比重從百分之一點零九上升到百分之一點四六，天津從百分之零點七九上升到百分之零點九七，上海從百分之一點三二上升到百分之一點七二，浙江從百分之三點六九上升到百分之四點零六。這些地區增加的人口，很大一部分是流動人口。

流動人口的主力軍是農民工。一九八二年中國流動人口的數量僅為六五七萬人，只占全國總人口的百分之零點六六；一九八七年猛增到一八一〇萬人；一九九五年達到七〇七三萬人，占全國總人口的比例進一步提高到百分之五點八六；二〇〇〇年突破一億人。二〇〇五年中國流動人口的規模是一點四七億人，占當時全國總人口的百分之十一點三；其中外出就業的農民工約為一點二億人，占流動人口總量的八成左右。二〇〇九年的流動人口規模是一點八億人左右，其中外出農民工為一點四九億人，占流動人口總量的比重超過八成。此後，二〇一〇年的流動人口規模是二點二一億人，農民工總數達二點四二億人，其中外出就業一點五三億人；二〇一一年，中國流動人口總量已接近二點三億人，占全國總人口的百分之十七，其中外出就業的農民工為一點五九億人；二〇一二年的流動人口數量為二點三六億人（相當於每六個中國人中有一個是流動人口），農民工總量達二點六三億人，其中外出農民工一點六三億人。近年跨省外出的農民工有所減少，但仍占流動人口總量的七成左右。

▲ 中國流動人口主要是進城務工的農民。

農業剩餘勞動力轉移與「二元結構」

　　既然農民工是流動人口的主體，那這些人是怎麼從農村流動出來的？中國自古就有男耕女織發展小農經濟的傳統，人們耕作間隙兼從他業彌補家用也由來已久。改革開放初期，這一傳統得到恢復和發展。但是很快，隨著工商業的發展和產業結構、經濟結構的變動，特別是隨著農業勞動生產率的提高和農業剩餘勞動力的顯性化，受人均占有可耕地數量的限制，男耕女織的傳統逐步被農戶兼業經營所取代。在經歷了連續幾年的糧食大豐收以後，從一九八五年開始，糧食生產的比較效益下降，農民開始選擇種植效益更高的經濟作物和發展養殖業，或者跑運輸、當小商小販、外出打工。在人多地少、地塊細碎和農村社會保障體系不健全的情況下，對兼業戶來說，糧食生產逐步淪為「口糧農業」，投入減少，種下的糧食夠一

圖2-3-1　2011年農民工在輸入地與輸出地的分布

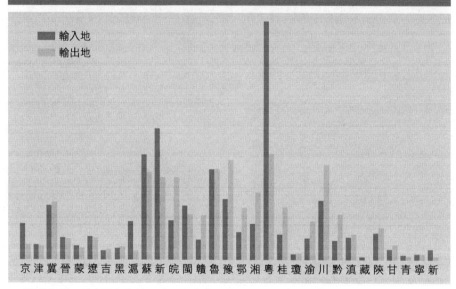

京 津 冀 晉 蒙 遼 吉 黑 滬 蘇 新 皖 閩 贛 魯 豫 鄂 湘 粵 桂 瓊 渝 川 黔 滇 藏 陝 甘 青 寧 新

▲ 資料來源：引自國家統計局《2012年我國農民工調查監測報告》。

表 2-3-1　2008-2012 年中國農民工數量
單位：萬人

	2008年	2009年	2010年	2011年	2012年
農民工總量	22542	22978	24223	25278	26261
1.外出農民工	14041	14533	15335	15863	16336
（1）住戶中外出農民工	11182	11567	12264	12584	12961
（2）舉家外出農民工	2859	2966	3071	3279	3375
2.本地農民工	8501	8445	8888	9415	9925

資料來源：引自國家統計局《2012 年我國農民工調查監測報告》

家人吃就行。農民手頭的資金寬裕了，對自家承包地的糧食生產也可能會選擇資本替代（或者購置機械、施用更多的化肥和農藥，或者雇工經營，或者將承包地轉給他人自己從市場購買糧食）。隨著工業和服務業就業機會的增多，兼業戶經營的農業逐步成為副業，這正是目前在中國農村比較普遍的現象。

這是就農戶整體來說的，並不意味著這些農戶家庭的所有勞動力都是兼業經營者。在農戶家庭（即便老人和兒女分開過也一樣）可能已經形成一個相對穩定的勞動力分工體系，如果占有的土地足夠多而且外出就業的機會少，整個家庭的勞動力（甚至包括輔助勞動力）就都會投入農業生產；如果是專業糧食生產大戶，農忙時甚至還會從家庭外雇工。但是，對多數農戶來說，由於占有土地面積不大，人均也就一點三畝左右，平日裡的農活有老人和婦女照料就夠了，那麼家裡的青壯年勞動力就可以考慮外

▲ 中國東部沿海地區的富裕農村

出打工、或者跑運輸、或者做小商小販為家裡賺取一些貨幣收入。起初這些非農活動是間歇性的，農閒時出去，農忙時回來；後來由於在外邊找到了比較合適的就業崗位，這些青壯年勞動力就成了農民工，農忙時也不回來了，此時家裡的土地或者全憑老人、婦女甚至兒童照料，實在不行就雇人幫忙，或者臨時轉給他人耕種，個別的一時轉不出去就有拋荒的可能。相關調查資料顯示，外出務工農民對承包土地的處置方式中，自家其他人耕種的占百分之六十三點八六，轉租給親友耕種的占百分之二十點九八，

▲ 廣西三江侗族自治縣，農家婦女在稻田裡剪禾把。

▲ 農民工外出打工，主要是在以體力勞動為主的建築業、製造業和服務業。

廢棄拋荒的占百分之八點〇三，其他及退耕還林還草的占百分之七點一三。

　　但是，你要是讓農民工完全放棄自己承包的土地，問題就不是那麼簡單了。首先，是否放棄承包地往往不是外出就業的勞動者個人說了算的，需要農戶全家一起作出決策。其次，農民工外出就業不穩定，前幾年受全球性經濟危機的沖擊，就有成千上萬的農民工失去工作被迫回到家鄉，幸虧他們家裡還有一小塊土地。事實上，不穩定、不固定是農民工外出就業的常態。農民工外出謀生，極少借助政府部門和勞務中介，絕大多數是依靠自身的努力和親緣、地緣關係的幫助，也很少簽訂勞動合同。而且，他們大都受教育程度較低，很少能接受到正規的技能培訓，從業以體力勞動

為主的製造業、建築業和服務業為主，尤其是建築業，工程一結束就得另謀工作。國家統計局的監測報告顯示，二〇一一年，在外出農民工中，初次外出的平均年齡為二十六點七歲。從事現職的平均時間為二點七年，從事現職累計不滿一年的占百分之二十二點七，一至二年的占百分之四十三點一，三至五年的占百分之二十點九，五年以上的占百分之十三點三。再次，由於城鄉二元結構事實上仍未打破，農民工的工人身份多半是階段性的，最終相當數量還是要回到家鄉，尤其是那些文化程度較低、年齡較大且熟悉農事耕作的農民工。那些不是舉家外出的農民工尤其如此。值得注意的是，近年來家庭化遷移現象不斷增多，這對增強農民工工作和生活的穩定性是有幫助的。但即便是那些在城鎮有了穩定職業、住所並且可以將戶口落在工作所在城鎮的農民工，也多半寧可不要城鎮戶口也不願放棄家鄉的土地。對土地的感情日漸疏遠的是那些新生代農民工，他們在城市裡成長和生活，已經不懂農業生產，即便城裡就業形勢不好他們也不願再回鄉下了。然而對於他們來說，戶籍限制和飛漲的房價是其在城裡安家立業的最大障礙。

在中國，城鎮化已是大勢所趨，一九九〇年到二〇〇〇年城鎮化率每年提高一個百分點，二〇〇〇年到二〇一〇年每年提高一點三六個百分點，城鎮化率在加快。二〇一一年人口城鎮化率達到百分之五十一點二七，城市人口歷史性地第一次超過農村人口，第一產業從業人員占比也下降到百分之三十八點一，「十億人口，八億農民」的局面早已不復存在。近年來的流動人口規模不斷膨脹，其主體是農民工，外出農民工大都流向城鎮，未來三十年可能還將有多達三億左右的農村人口進入城鎮。然而流

▲ 山東省平陰縣孝直鎮駐地的新型農民社區

表 2-3-2　2008-2012 年外出農民工參加社會保障的比例
單位：%

	2008年	2009年	2010年	2011年	2012年
養老保險	9.8	7.6	9.5	13.9	14.3
工傷保險	24.1	21.8	24.1	23.6	24.0
醫療保險	13.1	12.2	14.3	16.7	16.9
失業保險	3.7	3.9	4.9	8.0	8.4
生育保險	2.0	2.4	2.9	5.6	6.1

資料來源：引自國家統計局《2012 年我國農民工調查監測報告》

動人口中的八成左右還保留著農村戶口，屬於「被城市化」[10]人口。清華大學中國經濟數據中心二〇一三年十月發布的調查數據顯示，中國戶籍城鎮化率非常低，非農戶籍人口占全國總人口的比率僅為百分之二十七點六，二十年內從農業戶籍轉為非農業戶籍的比率僅增長百分之七點七。

中國新一屆政府提出要搞新型城鎮化，重點就是要探索城鎮內涵式發展的新路子，通過改革戶籍制度有序地解決「被城市化」人口的市民化問題。不過邁出這一步並不容易，因為在中國，戶籍是城鄉二元體制的核心所在，附著在上面的是一整套不平等的社會福利待遇，被納入城鎮常住人口統計的農民工及其家屬在就業、教育、醫療衛生、保障性住房等方面與城鎮戶籍居民相差甚遠。截至二〇一二年，農民工參加城鎮職工養老、工傷、醫療、失業和生育等五項基本社會保險的比例僅為百分之十四點三、百分之二十四點〇、百分之十六點九、百分之八點四和百分之六點一，參保率仍較低。農民工基本不能享受廉租房和經濟適用房，也沒有住房公積金制度。取消戶籍排斥，意味著對流動人口要實行屬地化管理，實現基本公共服務均等化。考慮到流動人口的數量和各地的承受能力，為防止出現一些國家城市化過程中的「貧民窟」現象，這樣的改革需要經歷一個漸進的過程。二〇一一年，《國務院辦公廳關於積極穩妥推進戶籍管理制度改革的通知》實施，國家發展與改革委員會、人力資源和社會保障部等相關部門出臺了配套措施，十八個省（區、市）出臺了具體實施意見，十四個省（區、市）探索建立城鄉統一的戶口登記制度，初步為農業人口落戶城

---

10 也有人稱之為「半城市化」、「偽城市化」。按現行人口統計方法，流動人口在城鎮居住半年以上即統計為城市人口。

表 2-3-3 2008-2012 年農民工年齡構成
單位：%

	2008年	2009年	2010年	2011年	2012年
16-20歲	10.7	8.5	6.5	6.3	4.9
21-30歲	35.3	35.8	35.9	32.7	31.9
31-40歲	24.0	23.6	23.5	22.7	22.5
41-50歲	18.6	19.9	21.2	24.0	25.6
50歲以上	11.4	12.2	12.9	14.3	15.1

資料來源：引自國家統計局《二〇一二年我國農民工調查監測報告》

表 2-3-4 2008-2012 年外出農民工住宿情況
單位：%

	2008年	2009年	2010年	2011年	2012年
單位宿舍	35.1	33.9	33.8	32.4	32.3
工地工棚	10.0	10.3	10.7	10.2	10.4
生產經營場所	6.8	7.6	7.5	5.9	6.1
與他人合租住房	16.7	17.5	18.0	19.3	19.7
獨立租賃住房	18.8	17.1	16.0	14.3	13.5
務工地自購房	0.9	0.8	0.9	0.7	0.6
鄉外從業回家居住	8.5	9.3	9.6	13.2	13.8
其他	3.2	3.5	3.5	4.0	3.6

資料來源：引自國家統計局《二〇一二年我國農民工調查監測報告》

鎮開闢了通道。據公安部統計，二〇一〇年至二〇一二年，全國農業人口落戶城鎮的數量為二五〇五萬人，平均每年達到八三五萬人。二〇一三年，中國政府已明確提出各類城市具體的城鎮化路徑，將全面放開小城鎮和小城市落戶限制，有序放開中等城市落戶限制，逐步放寬大城市落戶條件，合理設定特大城市落戶條件，逐步把符合條件的農業轉移人口轉為城鎮居民。其中很重要的一條，就是要有序推進農業轉移人口市民化。按照因地制宜、分步推進、存量優先、帶動增量的原則，以農業轉移人口為重點，兼顧異地就業城鎮人口，統籌推進戶籍制度改革和基本公共服務均等化。

以農民工為主體的人口流動是一種由農村向城鎮的單向流動，本質上屬於農村剩餘勞動力轉移，而且這些勞動力絕大多數是男性青壯年勞動力。以二〇一二年為例，男性農民工占百分之六十六點四，女性占百分之三十三點六；分年齡段看，如表 2-3-3 所示，十六至二十歲占百分之四點九，二十一至三十歲占百分之三十一點九，三十一至四十歲占百分之二十二點五，四十一至五十歲占百分之二十五點六，五十歲以上的農民工占百分之十五點一。男性青壯年勞動力的大量流出，在很大程度上促成並加速了農村的空心化和人口老齡化、家庭空巢化，留在鄉下的是分別達數千萬的老年人口、婦女和兒童。《農民日報》二〇一二年三月三十一日的一篇報道稱，在農村人口中，留守兒童、留守老人、留守婦女分別達到五千萬人、四千萬人、七千七百萬人。而全國婦聯發布的《全國農村留守兒童、城鄉流動兒童狀況研究報告》顯示，根據二〇一〇年全國第六次人口普查資料推算，光是農村留守兒童就有六一〇二點六萬人，占所有農村兒童比重達百分之三十七點七，占全國兒童的比例為百分之二十一點九。與二

▲ 二〇一四年全國「兩會」期間，全國政協委員孫麗英希望社會各界都能關注農民工子女家庭教育問題。

〇〇五年全國百分之一抽樣調查估算數據相比，五年間全國農村留守兒童增加約二四二萬人，增幅為百分之四點一。農村留守兒童中，父母僅一人外出的占百分之五十三點三；父母都外出的占百分之四十六點七。在後者中，與祖父母一起居住的孩子最多，占留守兒童總數的百分之三十二點七；與其他人一起居住的占留守兒童總數的百分之十點七；單獨居住的占留守兒童總數的百分之三點四，人數高達二〇五點七萬。農村老年人的養老問題、農民工的家庭生活和婦女發展問題，以及留守兒童的撫養、教育和成長問題，是中國城市化進程中一道亟待破解的難題。

工程移民和生態移民

除了上述常態化的人口流動以外，中國還有大量的工程移民和生態移民。迄今工程移民最多的莫過於三峽工程，持續十八年之久，至二〇一〇年宣告結束，共安置移民一三九點七六萬人。緊隨其後的或許就是世界上最大的跨流域生態調水工程——南水北調工程了，一期工程移民征地涉及搬遷人口約四十四萬人，生產安置人口五十七萬人，目前任務最重的丹江口庫區三十四點五萬人的搬遷安置已經結束。據統計，新中國成立以來先後興建了八點六萬多座水庫，其中大中型水庫和水電站約五千餘座，享受後期扶持政策的人口二三六五萬人，加上小水庫移民，全國大約有四千多萬庫區移民。水庫移民問題已成為事關水利水電事業可持續發展、事關庫區社會穩定的重大民生問題和社會問題。

生態移民是幫助生態環境惡劣地區居民脫離貧困的重要途徑，同時也是維護人口承載水平脆弱地區生態環境可持續的重

▲ 二〇〇三年六月，長江三峽工程開始蓄水後，上漲的江水淹沒長江邊的重慶雲陽老縣城。

▲ 二〇一三年四月，緊張施工中的甘肅古浪縣生態移民暨扶貧開發黃花灘項目區西靖鄉感恩新村社區廣場。

要手段。二〇〇三年，中國政府為保護三江源地區生態環境而實施的第一個生態移民工程——青海省瑪多縣扎陵湖鄉退牧還草生態移民工程開始在青海實行。此後，截至二〇一〇年，中國政府共對七七〇餘萬貧困人口實行了扶貧搬遷，有效改善了這些群眾的居住、交通、用電等生活條件。二〇〇八年以來，移民搬遷的力度明顯加大。二〇一一年，計劃歷時十年、投資逾千億元，被稱為新中國成立以來「搬遷之最」的「陝南地區移民搬遷安置」和「陝北白於山區扶貧移民搬遷」工程正式啟動，分別涉及搬遷居民二四〇萬人和三十九點二萬人，規模幾乎兩倍於三峽庫區移民。

涉外人口流動

與此同時，這些年中國人出國留學、移居海外的也越來越多。

如圖 2-3-5 所示，中國目前是世界上最大的留學生生源國，一九七八至二〇一一年出國留學人數總計達二二四點五一萬人，占全球總數的百分之十四，學成歸國者占四成，六成移居海外。自二〇〇八年開始，中國出國留學學生人數保持百分之二十左右的年增長速度，二〇一一年出國留學人數接近三十四萬，二〇一二年超過四十萬。而且，近年來出國留學的學生自費比例一般占九成以上，年齡也越來越小。

二十世紀九〇年代中後期，中國的人口流動開始涉足國外勞務市場，現已遍及世界各大洲。據《中國貿易外經統計年鑑》（2011），從二〇〇一至二〇一〇年，由國家專業公司和地萬公司派出的對外承包工程人數共計一九〇點一六萬人，對外勞務合作人數四四六點〇七萬人，總計對外輸出勞動力達六三六點二三萬人。

華僑大學發布的《華僑華人研究報告》顯示，改革開放後的三十年間，中國人海外移民數量可能達四五〇萬人以上；當今海外華僑華人總數為四五四三萬人，絕對數量居全球第一。北美地區共有約五三〇萬華人，其中約三〇〇萬是一九七八年後的新移民。在二十一世紀的第一個十年裡，美國華人人口急劇增長，較前一個十年增加了百分之六十五，達四〇二點五萬人，在美國所有族裔群體中排名第五位，居白人、黑人、墨西哥人和波多黎各人之後。來自中國內地的移民已超過出生於美國的華裔美國人，在美華僑華人中占比例最大。

美國智庫皮尤研究中心最近的報告顯示，中國在移民輸出國排行榜上

躍居第四位，也是全球接受匯款第二多的國家。皮尤中心這份《全球移民和匯款模式的改變》報告，分析了來自聯合國和世界銀行的數據，指出中國在移民輸出國排行榜上，從二十三年前的第七躍升至第四，移民人數從四一〇萬增加至九二〇萬，排在印度（1420萬）、墨西哥（1320萬）和俄羅斯（1080萬）之後。目前移居高收入國家的移民比例呈增長趨勢，美國仍然是最受移民青睞的目的地，從而提高了在全球移民中的份額[11]。另據中國與全球化研究中心發布的《中國國際移民報告》（2012）披露，二〇一一年，中國對世界幾個主要的移民國家永久性移民數量超過十五萬人，其中在美國獲得永久居留權的人數達八七〇一七人，在中國國際移民總數中排名第一；其次是加拿大、澳大利亞和新西蘭。同年，中國對各國的投資移民總數超過一萬人，對世界主要幾個移民國家的永久性技術移民超過四萬人。該報告指出，中國改革開放以來可以說經歷了三次移民高潮。第一次移民潮是在改革開放之初，很多有海外關係的人紛紛出國團聚或移民；第二次移民潮是在二十世紀八〇年代末到九〇年代末，許多發達國家在這個時期開始開放向中國吸收技術移民和投資移民，特別是大量吸收來自中國的技術移民；本世紀以來的第三次移民潮的特點為精英移民，包括大量的投資移民和技術移民，也包括大量的留學生出國學成後轉化為移民。盡管三次移民潮引發的原因略有不同，但是在全球化時代，在中國

11 新加坡聯合早報網，二〇一三年十二月十九日。聯合國的一份報告指出，目前國際移民人數已經由一九九〇年的一點五五億人提高到二〇一〇年的二點一四億人，北美和歐洲國家仍是主要的目的國，墨西哥、印度、俄羅斯、中國和孟加拉國則是五個最大的移民來源國。參見二〇一三年四月二十二日聯合國人口與發展委員會第四十六次會議上潘基文秘書長向會議提交的報告。本次會議關注的主題是「移民新趨勢：人口方面」。

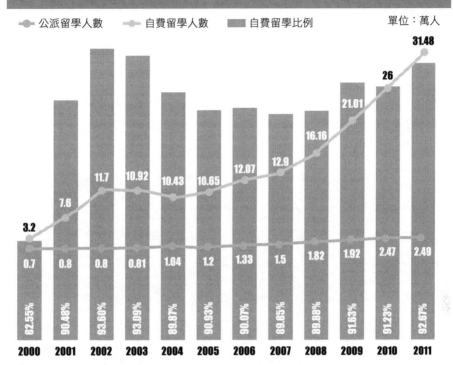

圖2-3-5　新世紀以來中國出國留學情況

▲ 數據來源：中國與全球化研究中心《中國留學發展報告》（2012）。

邁入發達國家行列之前，優秀人才移民海外的趨勢不會改變。當然，中國
政府近年來實施的多項海外人才引進政策也是值得肯定的，並且收到了一
定的成效。如二〇〇八年宣布實施《海外高層次人才引進計劃》，計劃在
五至十年內，在國家重點創新項目、重點學科和重點實驗室、中央企業和
國有商業金融機構、以高新技術產業開發區為主的各類園區等，引進並有
重點地支持一批能夠突破關鍵技術、發展高新產業、帶動新興學科的戰略
科學家和領軍人才回國（來華）創新創業。二〇一〇年六月發布的《國家

中長期人才發展規劃綱要（2010-2020 年）》提出，中國的人才發展到二
〇二〇年要進入世界人才強國行列。近年來，中國留學生年度回國人員人
數屢創歷史新高，中共中央組織部牽頭多部門共同實施的「千人計劃」、
教育部牽頭實施的「長江學者獎勵計劃」、中國科學院牽頭實施的「百人
計劃」、國家自然科學基金委員會國家傑出青年科學基金資助計劃，以及
「人才簽證」政策和「完善綠卡待遇」等多項人才政策等，每年吸引大量

▲ 二〇〇八年九月二十四日，中國海外學子遼寧（大連）創業週在大連開幕。創業週全方
位構築海外留學人員歸國創業和就業的橋梁。

海外人才回國（來華）創業。聯合國開發計劃署的一項調查顯示，當教育經費占國民生產總值百分之五以上，研發經費占國民生產總值百分之一點九以上，科學家、工程師人均研發經費達每年六萬美元以上，從事研發的科學家每百萬人口一千五百人以上時，歸國的海外人才就大幅度增加。中國經過若干年的努力，也肯定會進入這一階段。

　　隨著中國的快速發展和國際地位的提升，前來中國投資、經商、留學、交流的外國人士也逐年增多。前引《中國國際移民報告》（2012）公布的數據顯示，截至二〇一〇年底，在中國境內短期和長期居留外籍人員已超過一〇二萬人；截至二〇一一年底，持有外國人永久居留證的外國人已有四七五二人。二〇一二年來華留學生人數達到三十三萬人左右，預計二〇二〇年將達到八十八萬人左右。

▲ 二〇一三年十月二十二日，海外高新科技暨高端人才洽談會在成都舉行。圖為國務院僑務辦公室副主任馬儒沛等向二十名「引進顧問」頒發證書。

失調的出生性別比

導致出生人口性別比出現異常的主要因素

　　出生人口性別比偏高是二十世紀八〇年代以來中國人口自然結構出現的比較突出的問題。從世界各地的情況來看，出生人口性別比適度偏高是合理的。按國際正常標準，每年出生一〇〇個女嬰就會相應誕生一〇二至一〇七個男嬰，男嬰比例一定高於女嬰。隨著年齡增長男性死亡率會上升，女性壽命長於男性，所以在高年齡組女性人口往往多於男性，這是人類性別比變化的客觀規律。但是如果出生人口性別比低於或者高於正常的比例，就會出現婚姻擠壓問題，也就說有一部分人因此會一輩子無法結婚。中國的出生人口性別比一九五三年第一次人口普查時為一〇四點九，一九六四年第二次人口普查時為一〇六點六。一直到一九七五年，這一比

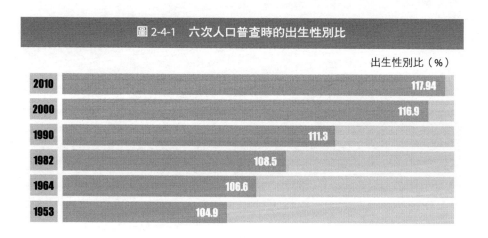

圖 2-4-1　六次人口普查時的出生性別比

出生性別比（％）

年份	出生性別比
2010	117.94
2000	116.9
1990	111.3
1982	108.5
1964	106.6
1953	104.9

例也只有一〇六點五四。但自二十世紀八〇年代開始明顯升高，一九八〇年就突破正常值的上限達到一〇七點一一，此後一路上揚。一九八二年為一〇八點五，一九九〇年為一一一點三，二〇〇〇年為一一六點九，二〇〇八年達到最高值一二〇點五六，二〇一〇年為一一七點九四（如圖2-4-1所示）。

也許有足夠的理由將八〇年代以來出生性別比一路走高體現的中國人

▲ 許多中國人仍持有重男輕女、傳宗接代的傳統觀念。

▲ 中國已立法保護女嬰。

口自然結構變化，歸因於同一時期出臺並付諸實施的新的人口政策。中國人同許多其他民族一樣，有重男輕女、傳宗接代的傳統觀念，但是這一觀念並沒有導致新中國前三十年出生人口失去平衡。但八〇年代開始實施的更加嚴厲的節制生育政策激活了在人們的腦海裡沉淀已久的傳統觀念，尤其是對農民來說，推行土地承包後家庭重新成為最基本的經濟單位，子女多分得的地也多，有兒就有勞力，養兒又能防老，因而勢必會頂風超生和性別選擇，而 B 超技術的濫用和隨便的人工流產又給這種出生性別選擇提供了可能。在某些貧困落後的地區，甚至殘存著溺嬰現象。可見，人口性別比的上升是多重因素作用的結果，而人口政策和家庭某些功能的恢復是最重要的因素。

「男光棍」問題

二十世紀八〇年代以來的男女性別比失調問題，將隨著這批人口逐漸成年而顯現出來。中國社會科學院發布的二〇一〇年社會藍皮書指出，目前中國十九歲以下年齡段的人口性別比嚴重失衡，到二〇二〇年，處於婚齡的男性人數將比女性多出二四〇〇萬人。屆時可能將有上千萬適齡男性面臨「娶妻難」。而且，「娶妻」的難易程度還依照地區的貧富程度不同而變化。西安交通大學公共政策與管理學院人口與發展研究所提出的《百村性別失衡與社會穩定調查技術報告》顯示，二〇一三年之後，中國每年的男性過剩人口將在百分之十以上，平均每年約有一二〇萬男性在婚姻市場上找不到初婚對象。在大齡未婚男性的分布上，西部地區平均每個行政村為十點三人，顯著高於東部地區的七點三五人，「男光棍」聚集程度的總體趨勢是由東至西逐漸遞增。近年來在某些靠近邊境的地區，男性從鄰近的國家娶妻（多數未辦理合法手續）暫時緩解了這一難題。而隨著網上

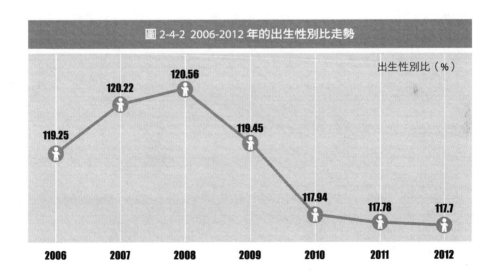

圖 2-4-2 2006-2012 年的出生性別比走勢

出生性別比（％）

119.25　120.22　120.56　119.45　117.94　117.78　117.7

2006　2007　2008　2009　2010　2011　2012

徵婚的流行和出境旅游的便利，內地男子「進口新娘」的現象也逐漸增多。與此同時，一些不法分子拐賣婦女兒童的犯罪活動也一直暗流湧動。

出生性別比失調的綜合治理

出生人口性別比過高、持續時間過長，必然影響社會穩定，關係到廣大人民群眾的切身利益。近年來，中國政府高度重視出生人口性別失衡問題，提出了爭取二○二○年實現出生人口性別比正常化的目標。為此，建立起了黨政負責、部門配合、群眾參與的標本兼治工作機制，加強了綜合治理的過程評估和責任考核。深入開展「關愛女孩行動」等活動，以消除性別歧視為重點，廣泛宣傳男女平等、少生優生等文明婚育觀念，普及保

▲ 一對參加集體婚禮的新人向救助貧困女童上學的「春蕾計劃」捐款。

護婦女兒童權益的法律法規知識。制定有利於女孩健康成長和婦女發展的社會經濟政策，促進男女平等就業和共同參與社會經濟活動。完善農村養老保障制度，淡化「養兒防老」傳統思維。對農村計劃生育女兒戶給予獎勵，在扶貧濟困、慈善救助、貼息貸款、就業安排、項目扶持中對計劃生育女兒戶予以傾斜，推動「幸福工程」「春蕾計劃」等社會公益活動。鼓勵男到女家落戶，依法保護婦女的宅基地、房屋等繼承權和土地承包權等權益。嚴禁非醫學需要的胎兒性別鑑定和選擇性別的人工終止妊娠，依法嚴懲溺、棄、殘害女嬰和拐賣、綁架婦女兒童的犯罪活動及歧視、虐待生育女嬰的婦女等違法行為，保障婦女兒童合法權益。通過採取這些綜合性的治理措施，從二〇〇九年開始中國的出生人口性別比出現了掉頭下行的走勢（如圖 2-4-2 所示），但距離完全正常還有相當一段距離。

第三章

社會結構的分化和轉型

分化和轉型，是改革開放以來中國社會變遷的首要特徵。伴隨市場化改革、所有制結構調整以及社會流動性的增強，工人階級的內涵和外延發生了新變化，農民階級人數不斷減少，大量新社會階層湧現，計劃經濟時期的所謂「兩個階級一個階層」的格局早已被打破。相應地，在傳統的群眾組織和社會組織之外，湧現出大量的新經濟組織和新社會組織，基層群眾自治組織也得到蓬勃發展，傳統的社會組織格局正在被新的社會組織格局所取代。伴隨工業化、市場化的不斷推進和經濟結構、產業結構的迅速調整，勞動者的就業結構和就業方式發生深刻變化，分配要素多元化使全社會的貧富差距顯著拉大。與之相伴隨的還有城鄉之間、區域之間的非均衡發展，相對貧困問題凸顯。

就業結構、城市化率與產業結構

計劃經濟時期城市化的滯後和脫節及其背後的原因

從國際經驗看，就業結構、人口城鄉結構伴隨產業結構的變動順向而動，也就是說，有什麼樣的產業結構就有什麼樣的就業結構和人口城鄉結構。但是長期以來中國的結構變遷背離了國際經驗，在產業結構迅速轉換的同時，就業結構和人口城鄉結構的變化並不明顯。中國在改革之前實行計劃經濟體制，推行以重工業為主導的趕超型工業化戰略，在很短的時間內就建立起了獨立的比較完整的國民經濟體系和工業體系，三次產業的產值結構由一九五二年的 50.5：20.9：28.6 變化為一九八〇年的 30.1：48.5：21.4，近三十年裡第一產業的比重下降了 20.4 個百分點，第二產業的比重上升了 27.6 個百分點，第三產業的比重也下降了 7.2 個百分點。顯然這是一種極端非均衡的增長方式，第二產業一枝獨秀。同一時期，三次產業的就業結構由 83.5：7.4：9.1 變動為 68.7：18.2：13.1，城鎮人口比重由 12.46%變動為 19.39%。由於重工業就業彈性低，第二產業的就業比重並未伴隨產值比重的迅猛上升得到應有的增長，第一產業主要是農業的剩餘勞動力無法轉移出去（這一問題隨著人口的增長日益加重），這是與輕工業先行的工業化經濟體最大的不同。受其影響，人口城市化的進程也變得異常緩慢。城市是第三產業特別是服務業的主要載體，三十年間在工業化不斷向前推進的同時第三產業的產值比重不升反降，顯示了中國傳統的工業化戰略具有一定的逆城市化性質，同一時期第三產業就業比重的輕微上升應當是這一領域低級化和勞動密集化的結果，是城市勞動力過剩的反

表 3-1-1　中國的產業結構、就業結構和城市化水平

年份	產業產值結構			產業就業結構			城鎮就業比重	城鎮人口比重
	I	II	III	I	II	III		
1952	50.5	20.9	28.6	83.5	7.4	9.1	12.0	12.46
1955	46.3	24.4	29.3	83.3	8.6	8.1	12.5	13.48
1960	23.4	44.5	32.1	66.0	15.9	18.1	23.6	19.75
1965	37.9	35.1	27.0	81.6	8.4	10.0	17.9	17.98
1970	35.2	40.5	24.3	80.8	10.2	9.0	18.3	17.38
1975	32.4	45.7	21.9	77.2	13.5	9.3	21.5	17.34
1980	30.1	48.5	21.4	68.7	18.2	13.1	23.7	19.39
1985	28.4	42.9	28.7	62.4	20.8	16.8	25.7	23.71
1990	27.1	41.3	31.5	60.1	21.4	18.5	26.3	26.41
1995	20.0	47.2	32.9	52.2	23.0	24.8	28.0	29.04
2000	15.1	45.9	39.0	50.0	22.5	27.5	32.1	36.22
2005	12.1	47.4	40.5	44.8	23.8	31.4	36.0	42.99
2010	10.1	46.7	43.2	36.7	28.7	34.6	45.6	49.95

圖 3-1-1　中國的產業結構走勢

第一產業　　第二產業　　第三產業　　　　　　單位：%

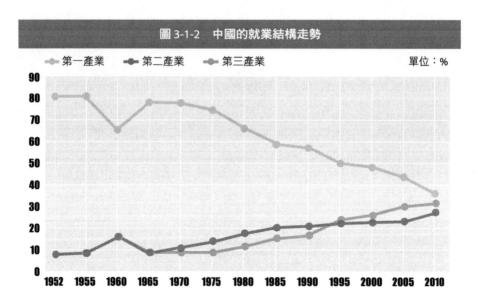

圖 3-1-2　中國的就業結構走勢

第一產業　　第二產業　　第三產業　　　　　　單位：%

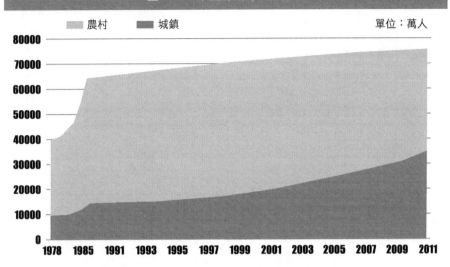

表3-1-2　工業化、城市化水平的國際比較

	工業占GDP（%）		城市人口比例（%）		人均GDP（美元）
	1965	1995	1965	1995	1995
低收入國家	28	38	17	29	430
中等收入國家	34	35	42	60	2390
上等收入國家	42	32	71	75	24930
世界平均水平	40	33	36	45	4880
中國	39	48	18	30	620
印度	22	29	19	27	340
泰國	23	40	33	20	2740

資料來源：
1. World Bank, 1991, World Development Report 1991, New York: Oxford Universtiy Press.
1. World Bank, 1997, World Development Report 1997, New York: Oxford Universtiy Press.

▲ 中共十八屆三中全會《決定》提出要使市場在資源配置中起決定性作用。

映。否則，就無法說明表面上同樣的工業化水平下，中國較其他經濟體的
城市化水平低得多[1]。

改革開放以來的協調推進

改革開放以來，中國改行市場經濟體制，市場在資源配置中逐漸發揮

1 　詳細討論參見李文：《城市化滯後的經濟後果分析》，《中國社會科學》2001 年第 4
　　期；《近半個世紀以來中國城市化進程的總結與評價》，《當代中國史研究》2002
　　年第 5 期。

▲ 四川省瀘州市龍馬潭區當地積極調整農業產業結構，發展立體觀光農業。

基礎性作用。二〇一三年十一月，中共十八屆三中全會更是提出要使市場在資源配置中起決定性作用，這是一個重大理論突破，必將對中國全面深化改革產生深遠影響。

在經歷了一段時期的矯正過程之後，中國的就業結構與產業結構趨向協調，人口城市化開始加速。具體表現是：

——第一產業的產值比重由一九八〇年的 30.1%降低到一九九〇年、二〇〇〇年和二〇一〇年的 27.1%、15.1%和 10.1%，三十年間年均下降 0.67 個百分點，同期其就業比重由 68.7%分別下降到 60.1%、50.0%和 36.7%，年均下降 1.07 個百分點，就業比重的下降快於產值比重的下降且

呈加速下降態勢，表明農業剩餘勞動力正在加速向非農產業轉移。如前所述，這一時期農戶經營的兼業化趨勢也不容忽視。

——第三產業的產值比重迅速上升，由一九八〇年的 21.4%提高至一九九〇年、二〇〇〇年和二〇一〇年的 31.5%、39.0%和 43.2%，三十年間翻了一番多，年均增長 0.73 個百分點；同期第三產業的就業比重由13.1%分別提升至 18.5%、27.5%和 34.6%，年均增長 0.72 個百分點，表

▲ 中科院研究中心預測二〇一四年中國 GDP 增速為 7.6%。

明中國的產業結構和就業結構正在向正常化邁進，也從一個側面印證了城市化的加速擴張趨勢。同期，城鎮就業比重由 23.7%分別逐年遞增至 26.3%、32.1%和 45.6%，城鎮人口比重由 19.39%分別遞增至 29.04%、36.22%和 49.95%，二者分別年均增長 0.73 個和 1.02 個百分點。二十世紀九〇年代以來城鎮人口擴張開始逐步超越城鎮就業擴張，表明戶籍制度的束縛正在不斷松弛，越來越多的農民舉家遷往城鎮。

——第二產業的產值比重趨於穩定並略有降低，由一九八〇年的 48.5%微降至二〇一〇年的 46.7%，同期就業比重仍在上升，由 18.2%提高到 28.7%，年均增長 3.5 個百分點，表明隨著市場化改革的不斷推進和中國逐步融入全球經濟，中國第二產業的內部結構發生了深刻變化，製造業迅速崛起，勞動力資源優勢得到發揮。隨著外資的大量進入和全球經濟一體化的加深，中國成為「世界工廠」，據美國經濟咨詢公司環球通視數據，二〇一〇年中國製造業產出占世界的比重為 19.8%，超過美國成為全球製造業第一大國。但是中國的製造業以勞動密集型的中低端產品居多。與此同時，隨著固定資產投資的迅猛發展，中國的建築業發展勢頭強勁。這兩個行業都是就業彈性比較高的勞動密集型行業，支撐著這些年來第二產業就業比重依然保持增長勢頭。

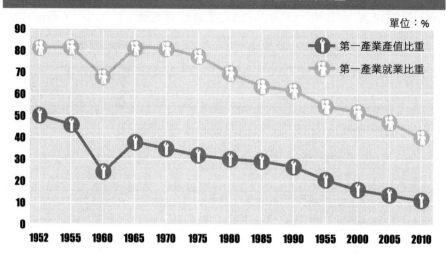

圖 3-1-4　中國第一產業的產值比重和就業比重

單位：%

● 第一產業產值比重
⬤ 第一產業就業比重

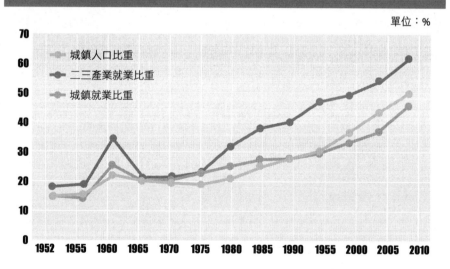

圖 3-1-5　中國的城鎮就業比重、城市化率和二三產業就業比重

單位：%

城鎮人口比重
二三產業就業比重
城鎮就業比重

▎職業結構與社會分層

職業分類和職業結構

在開放的市場經濟環境下，就業結構會隨著產業結構的轉換不斷調整。與此同時，科技進步和產業升級，以及市場化和社會化的相互促進，

▲ 二〇一三年十一月二十一日，全國職業院校宣傳部長聯席會議在廣東佛山市南海東軟學院舉行。

導致社會分工越來越細，人們的職業結構也會發生頻繁的變動。這一點在改革開放以來的中國表現得非常突出。二十世紀八〇年代以前，在長達三十多年的計劃經濟時期，中國的職業分類標準只有一個針對全民和集體企業職工的《工人技術等級標準》。自一九八二年推出新的《職業分類標準》，至二〇〇五年，中國已經先後十次修訂職業分類體系或為職業分類建章立制。

職業分類可以按產業分，也可以按行業分。在職業數量較少的時期，職業與行業是同義語，但現在職業與行業是既有聯繫又有區別的兩個概念，在職業劃分中，行業一般作為職業的門類。一九九九年出臺的《中華人民共和國職業分類大典》突破了過去以行業管理機構為主體，以歸口部門、單位甚至用工形式來劃分職業的傳統模式，採用了以從業人員工作性質的同一性作為職業劃分標準的新原則，首次對全社會的職業進行了科學規範的劃分和歸類，全面反映了中國改革開放以來的社會職業結構。《大典》把中國的職業劃分為由大到小、由粗到細的大類（8 個）、中類（66 個）、小類（413 個）、細類（1838 個）四個層次。細類為最小類別，亦即職業。八個大類分別是：

第一大類：國家機關、黨群組織、企業、事業單位負責人，其中包括五個中類，十六個小類，二十五個細類；

第二大類：專業技術人員，其中包括十四個中類，一一五個小類，三七九個細類；

第三大類：辦事人員和有關人員，其中包括四個中類，十二個小類，四十五個細類；

第四大類：商業、服務業人員，其中包括八個中類，四十三個小類，

一四七個細類；

第五大類：農、林、牧、漁、水利業生產人員，其中包括六個中類，三十個小類，一二一個細類；

第六大類：生產、運輸設備操作人員及有關人員，其中包括二十七個中類，一九五個小類，一一一九個細類；

第七大類：軍人，其中包括一個中類，一個小類，一個細類；

第八大類：不便分類的其他從業人員，其中包括一個中類，一個小類，一個細類。

從職業結構看，上述職業分布有三個特點：（一）技術型和技能型職業占主導。占實際職業總量的 60.88% 的職業分布在「生產、運輸設備操作人員及有關人員」這一大類，分屬工業生產的各個主要領域，工作內容

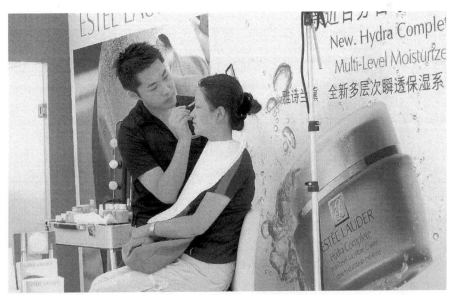

▲ 二〇〇四年八月十九日，勞動和社會保障部公布了首批九項新職業，對人的整體形象進行塑造的「形象設計師」正式成為中國社會中的新職業。

以技術型和技能型操作為主。（二）第三產業職業比重較小，僅占實際職業總量的 8% 左右。三大產業中的職業分布，以第二產業的職業比重最大。（三）知識型與高新技術型職業較少，其數量不超過總量的 3%。事實上，新職業的誕生和增加在知識型和高新技術型的新興產業中尤其明顯。如介於傳統的「白領」和「藍領」之間，主要集中在信息產業、設計產業和汽車技術行業的「灰領」階層，就從事著電子工程師、軟件開發工程師、裝飾設計工程師、電子商務員、多媒體作品製作員、計算機網絡技術人員、網頁設計與製作員、數碼影像技術人員、工業產品造型設計師、首飾設計師、汽車維修高級技師等為數眾多的新興先導性職業。有鑑於這一情況，自二〇〇四年以來，勞動和社會保障部每年都會公布兩三批新職業。截至二〇〇七年四月，中國共有職業一九八九個；現在應該早已超過二千個。總體上看，中國新時期職業變化的兩個新特點非常明顯，一是更新換代加快，二是呈現不斷細分的趨勢。一些傳統產業中的職業趨向萎縮，一些領域中的職業不知不覺消失。一些職業的內涵發生變化，如「保姆」變成了家政服務員，理髮員變成了「美髮師」等等。一些職業則不斷細化，如企業管理人員中的董事長、總經理、首席執行官（CEO）、部門經理、項目經理等。一些新興產業則不斷衍生出新的職業。從趨勢上看，隨著社會的進步，以服務業為主體的第三產業正在以社會需求為導向催生出越來越多的新職業。

以職業結構為基礎的社會分層

在當今社會，職業結構是社會分層的基礎性因素。上述職業結構的變遷，顯示中國改革開放以來社會分層上最大的變化就體現在農民階層和產

▲ 江蘇徐州舉辦失地農民與下崗失業人員招聘會，圖為人頭攢動的招聘會現場。

業工人階層此消彼長，這是產業結構相對比較均衡的條件下工業化推進的正常結果。

如表 3-2-1 和圖 3-2-1、圖 3-2-2 所示，從一九八二年至二〇一〇年，七種主要職業群體中第五類的農林牧漁水利業人員比重從 71.98% 下降到 48.13%，減少 23.85 個百分點，第六類的生產、運輸設備操作人員及有關人員從 15.99% 增加到 22.49%，提高 6.5 個百分點。結合圖 3-2-3 看，第五類人員所占比重的下降經歷了從緩慢到加速的過程，二十世紀九〇年代以來下降的速度逐年加快；第六類人員的所占比重則出現了較大的、先降低後增高的波動狀態，增高的態勢主要出現在進入二十一世紀以來。這主要是因為新時期的經濟體制改革始於農村，農村的產業結構和就業結構的

▲ 廣西貴港廉價勞動力吸引臺資開辦大型製鞋廠。

變化也早於和大於城市，而且二十世紀九〇年代的國有企業改革釋放出大量的下崗職工，直到下崗再就業的任務基本完成、城市經濟體制改革過了陣痛期之後，第六類人員才出現了比較快的增長勢頭。二〇一〇年第六類人員所占比重比十年前提高了 6.66 個百分點。盡管如此，很明顯，第六類人員的比重上升速度遠不及第五類人員的比重下降速度，這是因為同一時期第三產業有了較快的發展，相當數量的第五類人員和第六類人員中的下崗職工流入了第四類職業，第二類和第三類職業所占的比重也有一定程度的增長，第一類和第七類人員的比重則變化不大。這一變化顯示在最近的十多年裡中國的城市化有了長足的進步，工業化則進入了新的階段。但是如前所述，第五類職業就業的人數依然占去了接近一半的比重，並且其中九成以上是種植業生產人員，表明中國的農業現代化水平還很低，人口

表 3-2-1　1982-2010 年中國各主要職業群體結構變化
單位：%

職業	1982年	1990年	2000年	2010年
國家機關、黨群組織、企業、事業單位負責人	1.56	1.75	1.67	1.77
專業技術人員	5.07	5.31	5.70	6.84
辦事人員和有關人員	1.30	1.74	3.10	4.32
商業、服務業人員	4.01	5.41	9.18	16.17
農、林、牧、漁、水利業生產人員	71.98	70.58	64.46	48.13
生產、運輸設備操作人員及有關人員	15.99	15.16	15.83	22.49
不便分類的其他從業人員	0.09	0.04	0.07	0.10
總計	100	100	100	100

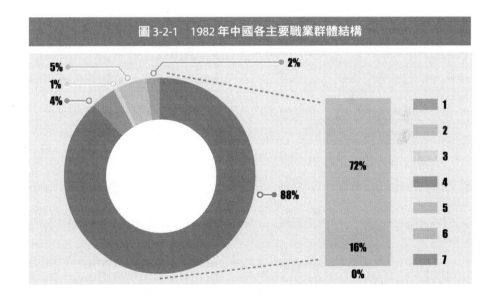

圖 3-2-1　1982 年中國各主要職業群體結構

城鎮化任重道遠。同時要注意到這個時期農村勞動力兼業化的特點以及年齡結構、性別結構上的變化。

說到人口城鎮化，前文已經指出，要是從戶籍上看，中國城市裡相當數量的產業工人和商業、服務業人員是帶著農業戶口的農民工（而且以青壯年勞動力為主，男性居多）。這也是改革前後最大的不同之一，改革之前城市裡的職工幾乎是清一色的市民（非農業戶籍人員），改革以來先是農民發生了分化，「自從有了鄉鎮企業，就有了離土不離鄉的農民工（農民身份的工人）。一九九二年後，大量的農民湧進城市，他們是離土又離鄉的農民工。據統計，二〇〇八年，全國共有 2.25 億農民工，其中在本鄉鎮以內就業的農民有八千五百萬，離土不離鄉的占 37.7%，在本鄉鎮以外就業、離土又離鄉的農民共有 1.4 億人，占 62.3%。整個四億多從事二三產業的藍領員工中，農民工已經占多數，在建築、礦業、環保、紡織、服裝、玩具、餐飲服務等行業中，農民工占大多數或絕大多數。」[2]農民工是產業工人和商業、服務業就業人員中的一個特殊的社會階層，他們不單是帶著農業戶口，而且大多數在同樣的單位接受著有別於本地非農戶口就業人員的薪酬和待遇。這一差別所產生的效應在勞動密集型的行業和商業、服務業領域被成倍地放大了，在那裡他們變成了幾乎可以無限供給的廉價勞動力，中國因此才成了所謂「世界工廠」。

中國改革開放以來社會分層上再一個大的變化體現在湧現出一些新的社會階層，包括民營科技企業的創業人員和技術人員、受聘於外資企業的

2 陸學藝：《中國社會階級階層結構變遷 60 年》，《北京工業大學學報》2010 年第 3 期。

圖 3-2-2　2010 年中國各主要職業群體結構

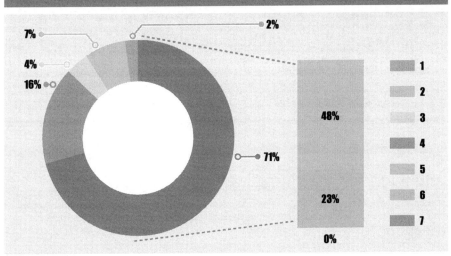

圖 3-2-3　變化較大的職業走勢

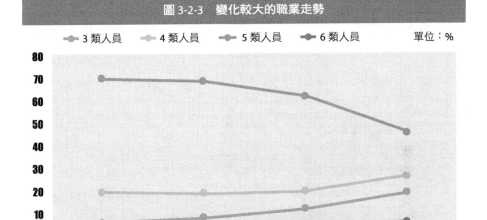

管理技術人員、個體戶、私營企業主、中介組織的從業人員和自由職業人員等。新社會階層中許多人是從工人、農民、幹部和知識分子中分離出來的，以知識分子居多，主要集中在非公有制領域，收入較高但職業和身份具有較大不穩定性。據估計，二十一世紀初，新社會階層人數大約有五千萬人，加上在相關行業的所有從業人員總人數約一點五億人，他們掌握或管理著十萬億元左右的資本，使用著全國半數以上的技術專利，並直接或間接貢獻著全國近三分之一的稅收，每年吸納著半數以上新增就業人員，已成中國經濟和社會發展的重要力量，並具有不斷擴大的趨勢。

中間階層

▲ 白領階層已成為當今中國快速發展的中產階層的主體。

新社會階層的崛起壯大了以管理人員（即所謂「白領」）和知識分子為主體的中間階層。關於中國的中間階層，國內外有著各種不同的稱謂和估計。據已故著名社會學家陸學藝研究，中國的中間階層包括中高級職業人員（如專業技術人員、公務員等）和多數私營企業主、部分個體工商戶等，每年大約增加八百萬人，在社會階層結構中的比例是每年增加約一個百分點，目前大約占

22%，預計到二〇二〇年將達到 35％-40％。近年來每年六百萬至七百萬人的高等院校畢業生是中間階層的一個很大的後備軍。而在另一位社會學家李強看來，中國的中間階層僅占不超過全部就業人口的 15％，主要包括傳統的幹部和知識分子階層（含專業技術人員），「新中產階層」，部分效益比較好的國有企業、股份制企業和其他經營比較好的企業、公司、單位的職工層，以及大量的個體、私營經營者等。圖 3-2-1 和圖 3-2-2 直觀地顯示出了社會中間階層在職業群體中發展壯大的趨勢，從一九八二年到二〇一〇年，七類主要職業群體中，後兩類職業群體的比重從大約 88％減少到了大約 71％，相應地前四類職業群體的比重從大約 12％增加到了大約 29％，第七類職業群體的比重可以忽略不計。

總體上看，無論是陸學藝等人的金字塔形（參見圖 3-2-4）、還是李強

圖 3-2-4　陸學藝等人的中國社會階層金字塔形結構

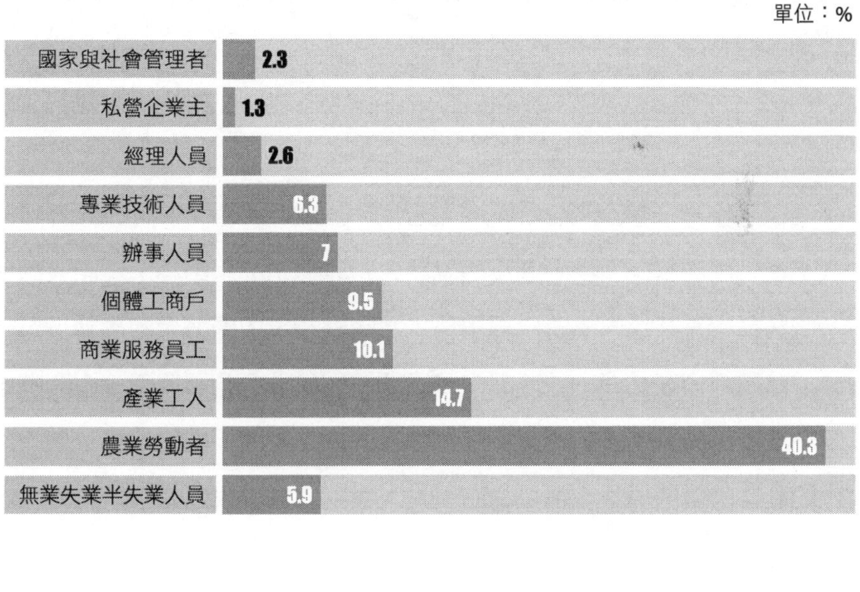

單位：%

類別	百分比
國家與社會管理者	2.3
私營企業主	1.3
經理人員	2.6
專業技術人員	6.3
辦事人員	7
個體工商戶	9.5
商業服務員工	10.1
產業工人	14.7
農業勞動者	40.3
無業失業半失業人員	5.9

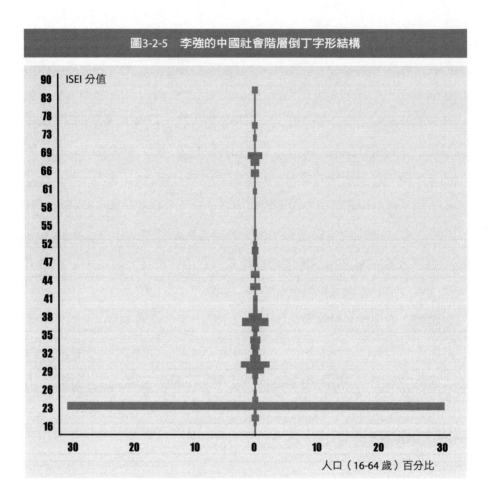

圖3-2-5 李強的中國社會階層倒丁字形結構

ISEI 分值

人口（16-64 歲）百分比

等人的倒丁字形（參見圖 3-2-5）描述，大家的共識是，中國的社會階層
結構還是一個底層過大中層過小的現狀，距離理想的兩頭小、中間大的橄
欖形結構還相差甚遠。盡管已經出現了下層縮小、中層擴大的趨勢，但是
由於戶籍制度橫亙其間，城鄉基本是兩個不同的社會分層體系，中間階層
主要在城市，農民工處於不城不鄉的尷尬狀態，中國要塑造一種全新的現
代化的社會階層結構還有很長的路要走。與陸學藝等人的金字塔形社會階

▲ 二〇一四年五月，教育部啟動高校轉型改革，中國一千二百所國家普通高等院校中，將有六百多所轉向職業教育，培養技能型人才。

層結構圖類似，在李強的倒丁字形社會階層結構圖裡，64.7%的人處在非常低的分值位置上，與其他群體形成鮮明的分界，這個位置上的人群絕大多數是大田農民。其他群體則像一個立柱，顯示了巨大的差異性。城市化和教育事業的發展是社會中間階層成長壯大的助推器。如表 3-2-2 所示，農林牧漁業集中了七成以上的文盲半文盲就業人口，受教育程度越高，進入教育、公共管理和社會組織、製造業崗位的機會越大。人力資源和社會保障部勞動科學研究所的一項研究指出，目前中國各職業受教育年限最高的是專業技術人員，約為 13.4 年，其次是辦事人員和有關人員為 12.5 年；受教育程度最低的是農林牧漁水利業生產人員，平均受教育年限僅為 7.7 年，還不到初中受教育水平。

表3-2-2　2010年全國分受教育程度和行業中類的就業人口比例

	文盲	小學	初中	高中	大專	大本	研究生
總計	1.00	1.00	1.00	1.00	1.00	1.00	1.00
農、林、牧、漁業	0.89	0.75	0.50	0.20	0.04	0.01	0.01
採礦業	0.00	0.01	0.01	0.02	0.02	0.01	0.01
製造業	0.04	0.09	0.19	0.24	0.18	0.14	0.13
電力、燃氣及水的生產和供應業	0.00	0.00	0.00	0.02	0.03	0.02	0.01
建築業	0.02	0.05	0.07	0.05	0.04	0.03	0.02
交通運輸、倉儲和郵政業	0.01	0.01	0.04	0.06	0.04	0.03	0.02
信息傳輸、計算機服務和軟件業	0.00	0.00	0.00	0.01	0.03	0.04	0.05
批發和零售業	0.02	0.04	0.10	0.17	0.14	0.09	0.05
住宿和餐飲業	0.01	0.01	0.03	0.04	0.02	0.01	0.00
金融業	0.00	0.00	0.00	0.01	0.04	0.06	0.06
房地產業	0.00	0.00	0.00	0.01	0.02	0.02	0.01
租賃和商務服務業	0.00	0.00	0.00	0.01	0.02	0.03	0.04
科學研究、技術服務和地質勘查業	0.00	0.00	0.00	0.00	0.01	0.03	0.07
水利、環境和公共設施管理業	0.00	0.00	0.00	0.01	0.01	0.01	0.01
居民服務和其他服務業	0.01	0.01	0.02	0.03	0.01	0.01	0.00
教育	0.00	0.00	0.00	0.03	0.13	0.21	0.28
衛生、社會保障和社會福利業	0.00	0.00	0.00	0.02	0.07	0.06	0.07
文化、體育和娛樂業	0.00	0.00	0.00	0.01	0.01	0.02	0.02
公共管理和社會組織	0.00	0.00	0.01	0.04	0.14	0.17	0.13
國際組織	0.00	0.00	0.00	0.00	0.00	0.00	0.00

收入分配與社會分化

收入分配結構和收入構成變化

中國當前的社會分層現象在居民收入分配結構中可以得到很好的印證。以二〇一〇年城鎮單位分行業就業人員平均工資水平的位次為例（參見表 3-3-1），受不同職業人力資本水平、勞動水平以及所在產業層次的影響，十九個行業的平均工資水平由高到低依次為：金融業，信息傳輸、計算機服務和軟件業，科學研究、技術服務和地質勘查業，電力、燃氣及

▲ 二〇一三中國薪酬狀況：金融業工資為平均工資的十倍。

水的生產和供應業，採礦業，文化、體育和娛樂業，交通運輸、倉儲和郵政業，衛生、社會保障和社會福利業，租賃和商務服務業，教育，公共管理和社會組織，房地產業，批發和零售業，製造業，居民服務和其他服務業，建築業，水利、環境和公共設施管理業，住宿和餐飲業，農、林、牧、漁業。而且，進入門檻越低、市場競爭越充分、要求技術水平越低的行業，從業者的工資水平越低；反之，壟斷性越強、進入門檻越高、要求技術水平越先進的行業，從業者的工資水平越高。排在第一位的金融業和排在第二位的信息傳輸、計算機服務和軟件業的從業人員工資水平分別是平均水平（36539 元）的 1.92 倍和 1.76 倍，是排在末端的農、林、牧、漁業從業人員工資水平的 4.20 倍和 3.85 倍。國家統計局本世紀初的一項調查顯示，在城市高收入群體中，企事業單位負責人占有近三成的比例，為 31.0%，專業技術人員占 25.2%，自由職業者占 17.8%，辦事人員及有關人員占 9.5%，商業服務業人員占 8.5%，生產、運輸設備操作人員和不便分類的其他從業人員分別占 4.4%和 3.5%，農、林、牧、漁、水利業生產人員僅占 0.1%。這些數據表明中國當前的職業結構與社會分層（包括社會各階層的經濟地位）之間具有較高的吻合度。此外，不同職業工資上的差距還受生產資料所有制的影響，總體上私營單位從業人員的工資水平比較低，二〇一二年全國私營單位平均工資僅為非私營單位的 61.5%。

在中國，工資差異並不足以解釋居民收入差距，因為工資性收入之外還有大量的非工資性收入，如經營性收入、財產性收入、轉移性收入等，而且總的趨勢是，城鎮居民的收入構成中工資性收入的比重在降低，二〇一一年的 64.3%比一九九〇年減少了 11.5 個百分點；相反，由於農民工和兼業戶的大量存在，農村居民的收入構成中工資性收入是在逐步增加，

表 3-3-1　2010 年城鎮單位分行業就業人員平均工資排位

行業	平均工資（元）
金融業	70,146
信息傳輸、計算機服務和軟件業	64,436
科學研究、技術服務和地質勘查業	56,376
電力、燃氣及水的生產和供應業	47,309
採礦業	44,196
文化、體育和娛樂業	41,428
交通運輸、倉儲和郵政業	40,466
衛生、社會保障和社會福利業	40,232
租賃和商務服務業	39,566
教育	38,968
公共管理和社會組織	38,242
房地產業	35,870
批發和零售業	33,635
製造業	30,916
居民服務和其他服務業	28,206
建築業	27,529
水利、環境和公共設施管理業	25,544
住宿和餐飲業	23,382
農、林、牧、漁業	16,717

表 3-3-2　中國城鎮居民收入構成變化
單位：%

指標	1990 年	1995 年	2000 年	2010 年	2011 年
總收入	100.0	100.0	100.0	100.0	100.0
工資性收入	75.8	79.2	71.2	65.2	64.3
經營淨收入	1.5	1.7	3.9	8.1	9.2
財產性收入	1.0	2.1	2.0	2.5	2.7
轉移性收入	21.7	17.0	22.9	24.2	23.8

表 3-3-3　中國農村居民收入構成變化
單位：%

指標	1990 年	1995 年	2000 年	2010 年	2011 年
總收入	100.0	100.0	100.0	100.0	100.0
工資性收入	14.0	15.1	22.3	29.9	30.2
家庭經營收入	82.4	80.3	71.6	60.8	60.4
財產性收入	3.6	1.8	1.4	2.5	2.3
轉移性收入		2.8	4.7	6.8	7.1

二〇一一年的 30.2%比一九九〇年提升了 16.2 個百分點。從表 3-3-2、表 3-3-3 所示的收入構成表中還可以看出，農村居民與城鎮居民在轉移性收入一項上差距很大，這反映了城鄉居民所享有的社會福利上的差別。

收入差距、基尼系數和隱性收入

改革開放以來居民收入差距不斷拉大的情況顯示中國的社會分化是不

爭的事實，這當中城鄉差距、地區差距和行業（職業）差距是三大主因。
分城鄉看，城鎮居民人均可支配收入相對農村居民人均純收入的倍數一九
八五年是歷史最低點，為 1.8 倍，此後波浪上升，二〇〇九年達到 3.33
倍，為歷史最高值。近幾年略有降低，二〇一〇年為 3.23 倍，二〇一一
年為 3.13 倍。分地區看，以二〇一〇年為例，城鎮居民對農村居民的收
入倍數以東北地區為最低，為 1.7 倍；其餘依次為中部地區的 2.45 倍，東
部地區的 2.51 倍，西部地區的 2.77 倍。

用於衡量居民收入差距的常用指標是基尼系數，數值在零和一之間，
基尼系數越大，說明居民收入差距越大。0.4 以上的基尼系數表示收入差
距較大，0.4 是國際公認警戒線。圖 3-3-2 是國家統計局公布的二〇〇三
年以來中國的居民基尼系數，顯示這些年中國的居民基尼系數一直在國際
警戒線之上徘徊。按收入分等統計，高低收入組之間的居民收入差距仍然

圖 3-3-1　城鄉居民收入絕對值增長走勢

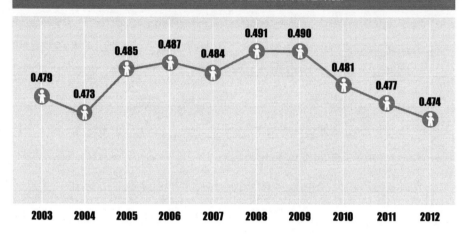

圖 3-3-2　2003年以來中國的居民基尼系數

0.479	0.473	0.485	0.487	0.484	0.491	0.490	0.481	0.477	0.474
2003	2004	2005	2006	2007	2008	2009	2010	2011	2012

較大。二〇一〇年城鎮居民家庭中，20%高收入組的人均可支配收入與20%低收入組的收入之比達 5.4：1；農村居民高、低收入組人均純收入之比為 7.5：1，表明高、低收入組之間的收入差距懸殊。北京大學中國社會科學調查中心發布的「中國家庭追蹤調查」數據顯示，二〇一二年全國家庭人均純收入均值為一三〇三三元。但收入最低的 5%的家庭人均收入只有一千元，5%-10%範圍內的家庭人均收入只有二千元，而收入最高的 5%家庭的人均收入則高達三四三〇〇元。從家庭總收入看，該年收入最低的 5%的家庭收入占所有家庭總收入的 0.1%，5%-10%範圍內的家庭收入占所有家庭總收入的 0.5%。而收入最高的 5%家庭占所有家庭總收入的 23.4%，排在 90%-94%的家庭占所有家庭總收入的 11.75%，收入最高10%的家庭占所有家庭總收入的 35.1%。收入最高 10%家庭的收入是收入最低 10%家庭的 58.5 倍，收入最高 5%家庭的收入更是達到了收入最低5%家庭的二三四倍。該項調查測算的二〇一二年全國基尼系數為 0.49，

表 3-3-4　中國分地區分城鄉人均收入
單位：元

地區	東部地區	中部地區	西部地區	東北地區
農村居民家庭全年平均每人總收入	9233.16	6350.64	5604.05	9336.36
城鎮居民家庭平均每人全部年收入	23153.21	15539.39	15523.05	15842.64
城鎮人均收入/農村人均收入	2.51	2.45	2.77	1.70

表 3-3-5　部分國家基尼系數

國家	年份	基尼系數	國家	年份	基尼系數
美國	2010	0.378	南非	2009	0.631
英國	2010	0.342	巴西	2009	0.547
日本	2010	0.329	墨西哥	2008	0.483
德國	2010	0.295	印度	2005	0.334
法國	2010	0.293	馬來西亞	2009	0.462
意大利	2010	0.337	菲律賓	2009	0.430
韓國	2010	0.315	埃及	2008	0.308
俄羅斯	2009	0.401			

資料來源：世界銀行數據庫和 OECD 數據庫。

比二〇一〇年略有下降，但仍處在很高水平，不僅高於歐美發達國家，且高於日本、韓國等亞洲國家，僅低於一些拉美和非洲國家（如表 3-3-5 所

示）。需要指出的是，中國是個大國，地區發展極不平衡，人均收入相差最大的莫過於拿東部的城鎮居民收入水平與西部的農村居民收入水平相比。收入最高的人口大多集中在東部大城市中，收入最低的人口則在西部荒涼的農村裡。

還需要指出的是，中國居民具體的收入情況可能遠比官方統計到的情況復雜。在上述公開的賬面收入之外，還有難以統計到的隱性收入，包括

▲ 中國的公務員考試受到社會廣泛關注，往往數十人競爭一個職位。

賬外存在的個人福利、隱性財產收入、灰色收入與黑色收入等。中國經濟體制改革研究會的一項研究分析，隱性收入主要發生於城鎮，職級或收入越高的階層獲取隱形收入的渠道越多、數額越大，隱性收入加劇了貧富分化的「馬太效應」。中國金融市場不發達，個人投資渠道較窄，貧富分化助長了人們的投機心理，投機又助長了貧富分化。隱性收入因素的存在，一方面會誘導人們一窩蜂的不現實追求，另一方面也會激起一些人的「仇富」心理，特別是由於一些官員的腐敗引起的「仇官」心理。中國這些年有「國考」之說，指的就是國家公務員考試。據統計，國家公務員考試報名人數從二〇〇一年的三萬多人，增長到二〇一一年的一四一萬多人，十年間猛增近四十二倍，報名通過審核人數已連續四年超過一百萬人。二〇一二年，報考公務員的人數更達到一三三萬人。一項調查顯示，65%的受調查者認為報考公務員是因為工作穩定，52%是因為福利待遇好，34%的人認為公務員社會地位高，27%是有為國家和人民服務的信念，還有不到兩成的人是為將來作鋪墊。百萬考生拼「國考」，爭搶兩萬個「金飯碗」，折射出了中國大學生的就業困局，同時顯示出中國目前「官本位」現象仍很嚴重，「有權」就有地位，「有權」就可用來尋租。這也正是國有企業和事業單位去行政化推而不動的症結所在，同時也是所謂「官民矛盾」的核心所在。解決隱性收入問題迫在眉睫，但這一問題不只是單純的收入分配問題。

社會組織結構與社會治理體制

社會組織結構是將不同的階級、階層組織在一起的有效形式。在市場化經濟體，國家、社會和市場是社會組織結構中最基本的組織形態。在中國，由於市場經濟體制確立不久，現行社會組織結構還保持著不少傳統計劃經濟時期的特色，改進治理方式、釋放社會活力還有許多工作要做。

政府作用突出

在中國，政府在資源配置中的作用還比較突出，市場機制的作用和空間受到制約。這種組織架構雖然有「集中力量辦大事」的優勢，但是與社

▲ 「二〇一三中國改革論壇」，轉變政府職能等是重要議題。

會主義市場經濟新體制存在諸多不適應的方面。主要是以黨代政、政企不分、政事不分現象嚴重，政府權力過大、過於集中，政府管得過寬、過細，結果不但抑制了市場的活力和社會自組織能力，也使政府常常顧此失彼、效率較低。在很多場合，政府既當球員又當裁判員，無法做到完全公正，也難以確保市場的健康發展。政企不分、政事不分還體現在國有企業和事業單位保留的行政級別上，結果一方面是國有企業和事業單位行政化，另一方面是地方政府公司化（權力市場化），不但削弱了國有企業的市場主體地位和事業單位的發展活力，而且容易造成政府職能的錯位。

近年來中國政府一直在嘗試進行相關領域的政府管理體制改革，總的思路是：轉變政府職能，建立服務型政府，貫徹依法治國，實行「三個分開」（政企分開、政事分開、政社分開）。二〇一三年底中共十八屆三中

▲ 中國政府進一步簡政放權，其宏觀調控是卓有成效的。

▲ 一九八八年，河南洛陽勝利路，計劃經濟時期排隊買雞蛋的市民。

全會出臺的《中共中央關於全面深化改革若干重大問題的決定》提出要讓市場在資源配置中起決定性作用，優化政府組織結構，全面正確履行政府職能。具體說來，就是要進一步簡政放權，深化行政審批制度改革，最大限度減少中央政府對微觀事務的管理，市場機制能有效調節的經濟活動，一律取消審批，對保留的行政審批事項要規範管理、提高效率；直接面向基層、量大面廣、由地方管理更方便有效的經濟社會事項，一律下放地方和基層管理。政府要加強發展戰略、規劃、政策、標準等制定和實施，加強市場活動監管，加強各類公共服務提供。加強中央政府宏觀調控職責和能力，加強地方政府公共服務、市場監管、社會管理、環境保護等職責。推廣政府購買服務，凡屬事務性管理服務，原則上都要引入競爭機制，通

過合同、委托等方式向社會購買。

單位制色彩濃厚

中國計劃經濟時期，人們都在「單位」裡工作和生活，「單位」對工作人員負有無限責任，吃喝拉撒、生老病死都要管。所以，「單位」就是社會，不管是機關、事業單位，還是廠礦、人民公社，莫不如此。改革開放以來，社會結構發生了變化，「單位人」成了「社會人」，但這只是大趨勢，目前還沒有完成。比如事業單位的行政化色彩仍很嚴重，而且「單位」對職工的責任和約束與其占有的行政資源的多寡成正比。中共十八屆三中全會提出要加快事業單位分類改革，加大政府購買公共服務力度，推動公辦事業單位與主管部門理順關係和去行政化，創造條件，逐步取消學校、科研院所、醫院等單位的行政級別。建立事業單位法人治理結構，推進有條件的事業單位轉為企業或社會組織。建立各類事業單位統一登記管理制度。國有企業也需要逐步去行政化。

社會組織不發達但發展勢頭良好

如表 3-4-1 所示，按照官方作出的行業分類，公共管理和社會組織包括中共機關，國家機構，人民政協和民主黨派，群眾團體、社會團體和宗教組織，基層群眾自治組織五類。這當中，前三類是公共管理組織，第五類是群眾自治組織，第四類似乎就是社會組織，但不夠明確。事實上，中國過去沒有「社會組織」的稱謂，計劃經濟時期除了「社會團體」以外其他合法的非政府、非官方組織幾乎不存在。一九八六年，民政部原先主管社會團體的「社團管理司」更名為「民間組織局」，「民間組織」取得了

▲ 二〇一三年末，國資委負責人在新聞發布會上表示，將探索建立國企管理者差異化薪酬分配制度。

合法性。同年，國務院頒布了修訂後的《社會團體登記管理條例》和《民間非企業單位管理條例》，確立了民政部門主管登記、黨政主管部門負責日常管理的「分組登記、雙重管理」模式。但是，「民間組織」的稱謂反映了傳統社會政治秩序中「官」與「民」相對應的角色關係，容易引起誤解。從二〇〇六年中共十六屆六中全會開始，官方開始正式採納「社會組織」的稱謂，並將這些傳統上的「民間組織」納入了創新社會管理、構建和諧社會的工作大局。社會組織稱謂的提出和使用，有利於糾正社會上對這類組織存在的片面認識，形成各方面重視和支持這類組織的共識，這也是與近年來社會組織的發展速度較快的大趨勢相適應的。

中國將社會組織分為三類，即社會團體、基金會和民辦非企業單位。

表3-4-1　中國行業分類中的公共管理和社會組織

代碼				類別名稱
門類	大類	中類	小類	
S				公共管理和社會組織
	93			中國共產黨機關
		930	9300	中國共產黨機關
	94			國家機構
		941	9410	國家權力機構
		942		國家行政機構
			9421	綜合事務管理機構
			9422	對外事務管理機構
			9423	公共安全管理機構
			9424	社會事務管理機構
			9425	經濟事務管理機構
			9426	政府事務管理機構
			9427	行政監督檢查機構
		943		人民法院和人民檢察院
			9431	人民法院
			9432	人民檢察院
		949	9490	其他國家機構
	95			人民政協和民主黨派
		951	9510	人民政協
		952	9520	民主黨派
	96			群眾團體、社會團體和宗教組織
		961		群眾團體
			9611	工會
			9612	婦聯
			9613	共青團
			9619	其他群眾團體
		962		社會團體
			9621	專業性團體
			9622	行業性團體
			9629	其他社會團體
		963	9630	宗教組織
	97			基層群眾自治組織
		971	9710	社區自治組織
		972	9720	村民自治組織

社會團體是由公民或企事業單位自願組成、按章程開展活動的社會組織，包括行業性社團、學術性社團、專業性社團和聯合性社團。基金會是利用捐贈財產從事公益事業的社會組織，包括公募基金會和非公募基金會。民辦非企業單位是由企業事業單位、社會團體和其他社會力量以及公民個人利用非國有資產舉辦的、從事社會服務活動的社會組織，分為教育、衛生、科技、文化、勞動、民政、體育、中介服務和法律服務等十大類。民政部的統計公報顯示，截至二○一二年底，全國共有社會組織 49.9 萬

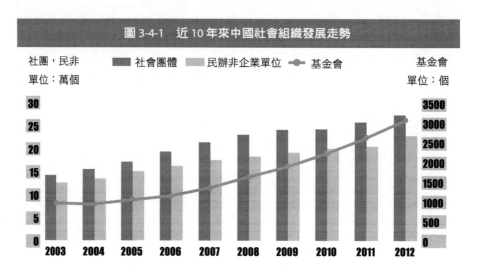

圖 3-4-1　近 10 年來中國社會組織發展走勢

表 3-4-2　2005 年以來社會組織發展統計

指標	2005	2006	2007	2008	2009	2010	2011	2012
社會團體（萬個）	17.1	19.2	21.2	23	23.9	24.5	25.5	27.1
基金會（個）	975	1144	1340	1579	1843	2200	2614	3029
民辦非企業單位（萬個）	14.8	16.1	17.4	18.2	19	19.8	20.4	22.5

個，比上年增長 8.1％；吸納社會各類人員就業 613.3 萬人，比上年增加 2.3％；形成固定資產 1425.4 億元；社會組織增加值為 525.6 億元，比上年減少 20.4％，占第三產業增加值比重為 0.23％。具體而言，全國共有社會團體 27.1 萬個，比上年增長 6.3%。其中：工商服務業類二七〇五六個，科技研究類一八四八六個，教育類一一六五四個，衛生類一〇四四〇個，社會服務類三八三八一個，文化類二五〇三六個，體育類一五〇六〇個，生態環境類六八一六個，法律類三一九一個，宗教類四六九三個，農業及農村發展類五五三八三個，職業及從業組織類一八六一一個，國際及其他涉外組織類四九九個，其他三五八二五個。全國共有基金會三〇二九個，比上年增加四一五個，增長 15.9%，其中：公募基金會一三一六個，非公募基金會一六八六個，涉外基金會八個，境外基金會代表機構十九個。民政部登記的基金會一九九個。公募基金會和非公募基金會共接收社會各界捐贈 305.7 億元。 全國共有民辦非企業單位 22.5 萬個，比上年增長 10.1%。其中：科技服務類一一一二六個，生態環境類一〇六五個，教育類一一七〇一五個，衛生類二〇九七九個，社會服務類三五九五六個，文化類一〇五九〇個，體育類八四九〇個，商務服務類八七一七個，宗教類一三二個，國際及其他涉外組織類四十九個，其他一〇九八九個。近十年來社會組織的發展形勢如圖 3-4-1 和表 3-4-2 所示。

社會組織在社會治理中發揮著政府和單位不可替代的作用，中國政府在《國民經濟和社會發展第十二個五年規劃剛要》中將其歸納為提供服務、反映訴求、規範行為三個方面，並對促進社會組織的發展作出如下具體規劃：改進社會組織管理，建立健全統一登記、各司其職、協調配合、分級負責、依法監管的社會組織管理體制；重點培育、優先發展經濟類、

公益慈善類、民辦非企業單位和城鄉社區社會組織；推動行業協會、商會改革和發展，強化行業自律，發揮溝通企業與政府的作用；完善扶持政策，推動政府部門向社會組織轉移職能，向社會組織開放更多的公共資源和領域，擴大稅收優惠種類和範圍。

　　目前的主要問題是，由於歷史原因，中國不少民間組織的行政化傾向比較嚴重，許多社會團體本身就是政府辦的，一些行業協會或商會也脫胎於政府部門，依然行使著部分行政職能。社會組織普遍受到政府行政權力的過多干預，缺乏獨立發展的條件。中共十八屆三中全會明確提出，要「正確處理政府和社會關係，加快實施政社分開，推進社會組織明確權責、依法自治、發揮作用」；「適合由社會組織提供的公共服務和解決的

▲ 二〇一二年十月十三日，南京社區換屆選舉，居民投票選出心中的「當家人」。

事項，交由社會組織承擔」，同時要「限期實現行業協會商會與行政機關真正脫鉤」。這將有助於改變部分社會組織的行政化傾向，增強其自主性和活力。

基層自治尚待完善

　　中國的基層自治組織主要是城市裡的居民委員會和居民小組，農村的村民委員會和村民小組。城市居民委員會（簡稱居委會）作為城市裡的群眾性自治組織產生於新中國成立初期，一九五四年發布的《城市居民委員會組織條例》第一次用法律的形式肯定了居民委員會的性質、地位和作用。此後經過幾十年的曲折歷程，改革開放以來居委會得到了全面的恢復

▲ 老村委會辦公室，河南省輝縣郭亮村。

和發展。一九八〇年一月，全國人大常委會重新公布了《居民委員會組織條例》、《人民調解委員會暫行通則》和《治安保衛委員會暫行通則》。一九八二年首次以根本法的形式在憲法中明確規定了居民委員會的性質、任務和作用，並據此對城市居民委員會的組織進行了整頓和規範。為了充分保障城市居民的自治和各項民主權利，在經過多年調查研究和總結《居民委員會組織條例》實施經驗和教訓的基礎上，一九八九年十二月十六日，全國人大常委會第十一次會議通過了《城市居民委員會組織法》，標志城市居民委員會的組織建設進入了一個新的全面發展的時期。

農村居民委員會（簡稱村委會）則起步較晚，肇始於二十世紀八〇年代初期。一九八二年，全國人大常委會在起草憲法修改草案時，總結和吸收了城市居民委員會的經驗和廣大農民群眾創造的新鮮經驗，把村民委員會和居民委員會一起寫進了憲法，並對村民委員會的性質、任務和組織原則都作了具體規定。據此，全國絕大多數地方以原人民公社為單位成立了鄉政府，以生產大隊為基礎建立了村民委員會，以生產隊為基礎建立了村民小組。此後一九九八年中國正式發布《村民委員會組織法》，二〇一〇

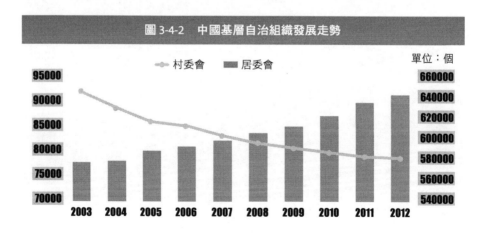

圖 3-4-2　中國基層自治組織發展走勢

表 3-4-3　中國基層自治組織發展概況
單位：個

指標	2005	2006	2007	2008	2009	2010	2011	2012
居委會	79947	80717	82006	83413	84689	87057	89480	91153
村委會	629079	62669	612709	604285	599078	594658	589653	588475

年根據新形勢新要求作出修訂，中國農村基層群眾自治組織呈現出強大的生命力，在實踐中不斷發展壯大。二〇一二年底，中國的基層群眾自治組織共計 68.0 萬個，其中村委會 58.8 萬個，包括村民小組 469.4 萬個、村委會成員 232.3 萬人；居委會九一一五三個，包括居民小組 133.5 萬個、居委會成員 46.9 萬人。具體發展情況如圖 3-4-2 和表 3-4-3 所示。可以看出，伴隨城市化的推進，基層自治組織的發展呈村委會與居委會此消彼長之勢。

除了居委會和村委會以外，基層自治組織還包括企業中的職工民主管理組織和形式——職工代表大會。職工代表大會制度同樣建立於二十世紀五〇年代，「文化大革命」時期遭到破壞，八〇年代初得到恢復。一九八六年正式頒布《全民所有制工業企業職工代表大會條例》，一九八八年出臺的《全民所有制工業企業法》首次將職工代表大會制度納入國家的法律規範。按照規定，職工代表大會的職權是：對企業生產經營、發展計劃和方案有審議建議權；對工資、獎金、勞動保護、獎懲等重要規章制度有審查通過權；對有關職工生活福利等重大事項有審議決定權；對企業行政領導幹部有評議監督權；對廠長有推薦或選舉權。職工代表大會閉幕後，由企業工會委員會作為職代會的工作機構，負責職工代表大會的日常工作。

▲ 二〇一四年「兩會」期間，全國總工會提案建議關注新生代農民工文化建設。

從一九九八年起，企務公開（廠務公開）在國有企業、集體企業及其控股企業開始實施，並逐步向非公有制企業拓展。二〇〇一年十月新修訂的《工會法》，從法律上進一步保障職工代表大會制度作為工會履行維護職工合法權益基本職責的主要機制之一。在發展過程中，許多企業、事業單位及機關單位根據自身特點，逐漸形成了以職工代表大會為基礎，企務公開（廠務公開）制度、勞動合同制度、平等協商和集體合同制度、工資集體協商制度、職工董事（監事）制度等為補充的職工民主管理新格局。至二〇一〇年，已建工會的企事業單位建立企務公開（廠務公開）制度的有211.3 萬家，建立職工代表大會制度的有 224.9 萬家，覆蓋了大部分企事業單位。

城市居民委員會、農村村民委員會、企事業單位職工代表大會，以及城市社區裡的居民（成員）代表大會、協商議事委員會、業主委員會、居民評議會、社區聽證會、非政府組織、自願者組織，農村裡的村民大會或村民代表大會、村民小組、村民理財小組、村務公開監督小組等等這些基層群眾自治形式，構成當代中國最直接、最廣泛的民主實踐，並從中共十七大開始，正式與人民代表大會制度、中國共產黨領導的多黨合作和政治協商制度、民族區域自治制度一起納入了中國特色政治制度范疇。新世紀以來，政府大力開展和諧社區建設和社會主義新農村建設，也為基層自治的蓬勃開展提供了機遇。但就總體情況而言，中國的基層群眾自治和社區服務體系建設仍然處於初級階段，存在一些困難和問題。主要問題是：基層群眾自治組織與基層黨組織和上級政府權責不清，受到的行政干預較多；基層群眾參與不足，工作人員人才短缺，待遇差，工作積極性不高；基層群眾自治組織不受重視，服務設施缺口大，缺乏統一規劃，保障能力不強，自治水平有限，對行政資源的依賴性強，無法形成良性循環；部分農村存在拉票賄選現象，村委會容易被村裡的強勢家族把持。針對這些問題，中共十七大以來已經從制度建設、組織建設、「四個民主」（民主選舉、民主決策、民主管理、民主監督）實踐和保障機制方面作出了許多新的嘗試和努力。二〇一一年下發的《國民經濟和社會發展第十二個五年規劃綱要》單闢一章，從完善社區治理結構、構建社區管理和服務平臺兩個方面對強化社區自治和服務功能作出了規劃，重點是人才建設和服務能力建設。中共十八屆三中全會從強調社會管理轉向強調社會治理，一字之變顯示出了理念上的創新，顯示出了執政者對企業組織、社會組織和基層群眾自治組織平等參與社會治理的期待。

中共基層黨組織的獨特作用

中國社會組織結構中有一個獨特的而又不可忽視的內容，那就是執政黨的基層組織。按照生產單位、工作單位來建立黨的基礎組織，是中國共產黨的一個組織原則。這個原則，使其組織基礎融入社會組織的細胞之中。革命時期如此，執政以後更是如此。中共中央組織部提供的統計數據顯示，二〇一二年中國共產黨黨員總數達 8512.7 萬名，黨的基層組織總數達 420.1 萬個。從基層黨組織分布看，全國七二四五個城市街道、3.3

▲ 二〇一一年四月十八日，廣西柳州市柳城縣寨隆鎮通過黨員代表大會，以公推直選的方式選舉產生了新一屆鄉鎮黨委班子。圖為工作人員正在統計競選人的得票數。

萬個鄉鎮、8.7 萬個社區（居委會）、58.8 萬個建制村建立了黨組織。機關、事業單位黨組織覆蓋面分別達到 99.97%、99.4%。公有制企業黨組織覆蓋面達到 99.98%。147.5 萬個非公有制企業建立黨組織，占具備建立黨組織條件的非公有制企業數的 99.95%。4.03 萬個社會團體建立黨組織，占具備建立黨組織條件的社會團體數的 99.21%。3.95 萬個民辦非企業單位建立黨組織，占具備建立黨組織條件的民辦非企業單位數的 99.61%。

有賴於基層黨組織在基層群眾中的「橋梁」和「紐帶」作用，中國共產黨贏得了密切聯繫群眾的最大優勢。進入新世紀以來，中國共產黨和中國政府與時俱進，逐步把社會建設擺在更加突出的位置，把主攻方向放到保障和改善民生上來，相應地黨的基層組織在社會建設和社會管理中的重要性也受到更多的關注。中共十六屆四中全會首次提出「建立健全黨委領導、政府負責、社會協同、公眾參與的社會管理格局」，十七大、十八大的政治報告中將黨的基層組織的作用綜合為「推動發展，服務群眾，凝聚人心，促進和諧」四個方面，體現了黨的基層組織參與社會建設和社會治理的時代要求。實踐證明，黨的基層組織是維護社會穩定的第一道「防線」，是黨凝聚人心的「支撐點」，是促發展、保民生的核心力量。而要真正體現這樣的作用，就要適應形勢和任務的需要，創新活動內容方式，找準開展活動、發揮作用的著力點。具體說來，就是要與服務型政黨建設的總體要求相一致，與黨的宗旨相吻合，與黨組織的基本屬性相匹配，切實發揮好密切聯繫群眾的優勢，「以服務群眾、做群眾工作為主要任務，加強基層服務型黨組織建設」，寓領導於服務之中。

這方面，近年來各地湧現出不少各具特色的典型案例。如上海通過構建區域化黨建平台，通過黨組織大力培育社會組織，積極創新「兩新」組

▲ 二○一三年三月三十八日，湖北宜昌市夷陵區樂天溪鎮黨委將一次特殊的黨委擴大會議選定在一戶困難群眾家中召開，專題商議解決其危房搬遷建房、醫療救助、子女上學就業、春耕備耕等難題。

織中的黨組織建設，把基層黨組織建設和基層社會治理有機結合，很好地體現出了基層黨組織在基層社會治理中的作用。北京是在社區構建黨組織、居委會、服務站三個分工明確、功能互補的治理主體。農村的例子更是不勝枚舉，都是從體制機制上下功夫，強化基層黨組織在農村社會治理和經濟發展中的作用。當然，各地在抓基層、打基礎取得突出成效的同時，也面臨一些困境和瓶頸，需要進一步完善機制、創新方式、提高認識、加大力度。

第四章

世界最大的
社會保障計劃

建立健全社會保障體系，是調節社會分化、維護公平正義的重要途徑和制度安排。改革開放以來，特別是進入新世紀以來，中國的社會保障事業快速發展，目前已初步建成了以社會保險、社會救助、社會福利為基礎，以基本養老、基本醫療、最低生活保障制度為重點的項目齊全、覆蓋全面的社會保障體系框架，建立了世界上最大的社會保障計劃。中國的第十二個五年規劃（2011-2015）時期，是全面建成小康社會的關鍵時期，是加快經濟發展方式轉變、保持經濟平穩較快發展的攻堅時期，也是社會保障領域深化改革和在關鍵環節上實現突破的重要時期。

新世紀前社會保障事業發展的基本情況

計劃經濟時期的社會保障體系

新中國的社會保障體系是以勞動保險制度為重點建立起來的,早在一九五一年就制定並公布了《中華人民共和國勞動保險條例》,在全國範圍內凡有職工百人以上的國營、公私合營、私營和合作社營的企業中實行。條例規定的勞動保險項目主要有:醫療待遇,因工負傷待遇,疾病和非因工負傷待遇,生育待遇,因工殘廢和疾病、非因工殘廢待遇,退休養老待遇,因工死亡和疾病、非因工死亡待遇,職工供養直系親屬的醫療補助、喪葬補助待遇等。一九五三年,政務院對該條例作了修正,實施範圍擴大到工礦、交通企業的基本建設單位和國營建築公司,項目沒有增減,待遇標準有所提高。一九五六年前後,國家對個體手工業和私營工商業的社會主義改造基本完成後,在全部國營企業中推行《勞動保險條例》;一些規模較大、經濟條件較好的集體所有制企業,也都實行或參照實行該條例。同一時期,針對各級國家機關和事業單位工作人員的社會保障制度也逐步建立起來,待遇項目與《勞動保險條例》基本相同,待遇標準互有高低,總的水平略高於企業。一九五八年和一九七八年,經全國人民代表大會常務委員會批準,國務院對《勞動保險條例》中的退休待遇進行了兩次修改,提高了待遇標準,職工退休辦法成了單獨的法令。

在廣大農村,實行的是針對特殊人群的以保吃、保穿、保住、保醫、保葬為基本內容、以農村集體經濟為依托的「五保」供養制度,享受「五保」的家庭被稱為「五保戶」。《1956 年到 1967 年全國農業發展綱要》(修

▲ 二十世紀五〇年代初，大連港的老工人們在填寫勞動保險卡。

正草案）明確提出：「農業合作社對於社內缺乏勞動力、生活沒有依靠的鰥寡孤獨的社員，應當統一籌劃，指定生產隊或者生產小組在生產上給以適當的安排，使他們能夠參加力能勝任的勞動；在生活上給以適當的照顧，做到保吃、保穿、保燒（燃料）、保教（兒童和少年）、保葬，使他們的生養死葬都有指靠。」這是獨具中國特色的農村「五保」供養制度的

▲ 隨著經濟體制改革的展開，當今中國社會保障體系也處在重建的過程中。

雛形。從上世紀五〇年代起，各地相繼興辦了敬老院，將部分「五保」對象集中供養，逐步形成了集中供養和分散供養相結合的「五保」供養模式。六〇年代初，「五保」的內容由吃、穿、燒、教、葬五項變為吃、穿、住、醫、葬（教——針對孤兒）五項。改革初期農村實行生產責任制後，對「五保戶」的供養形式和供給渠道有所改變，但「五保」的待遇基本沒變。

在醫療保障方面，幹部（國家機關和事業單位工作人員）和企業職工基本上是採取公費醫療制度，農民則實行互助共濟的合作醫療制度。在住房保障方面，基本上農村是自建住房（對「五保戶」有特殊照顧），城鎮則由政府或單位無償分配。除此之外，還構建起了針對特殊群體（現役軍人、軍烈屬和城鎮孤老殘幼等）的社會保障和民政福利制度。總體上看，

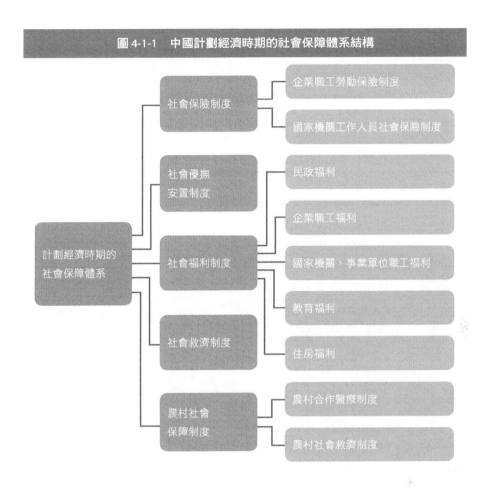

圖 4-1-1　中國計劃經濟時期的社會保障體系結構

```
                          ┌─── 企業職工勞動保險制度
          社會保險制度 ─────┤
                          └─── 國家機關工作人員社會保險制度

          社會優撫
          安置制度 ───────── 民政福利

計劃經濟時期的                  ┌─── 企業職工福利
社會保障體系 ─────             │
                          ├─── 國家機關、事業單位職工福利
          社會福利制度 ─────┤
                          ├─── 教育福利
                          │
                          └─── 住房福利

          社會救濟制度

          農村社會           ┌─── 農村合作醫療制度
          保障制度 ─────────┤
                          └─── 農村社會救濟制度
```

一直到改革開放以前，中國的社會保障體系盡管並不完善、覆蓋範圍小、保障水平相對較低，但它是與當時的經濟水平、經濟體制和社會管理體制相配套的，對那個時期的經濟和社會發展起到了積極作用。

與國企改革相配套的體系重建

中國新時期社會保障體系的重建，是伴隨城市經濟體制改革特別是國

有企業改革逐步展開的。一九八六年國務院發布的《國營企業實行勞動合同制暫行規定》，是傳統的退休制度向失業保險制度轉型的重要標志；同年下發的《國營企業職工待業保險暫行規定》，開啟了中國失業保險制度的重建，同時也顯現出了社會保障制度改革的社會化趨向。同一時期，對傳統的公費醫療制度也作了改進。到二十世紀九〇年代中後期，為了適應國有企業改革的需要，社會保險制度的改革明顯加速。一九九五年國務院發出的《關於深化企業職工養老保險制度改革的通知》以及同時作為附件

▲ 下崗人員在領取失業保險金。

下發的兩個實施辦法，標誌著統賬結合模式的養老保險制度的出臺。兩年後，國務院又下發了《關於建立統一的企業職工基本養老制度的決定》，各地不同的社會統籌與個人賬戶相結合的方案開始走向統一。為了確保企業用工制度改革落實到位，鑑於失業救濟的不足，國家設立了「三條保障線」制度，即下崗職工由再就業服務中心保障其基本生活；進再就業服務中心三年後仍未就業的，要轉到社會保險機構領取失業保險金；享受失業保險兩年後仍未就業的，轉到民政部門享受城鎮居民最低生活保障。與此同時，按照同一思路，中國嘗試建立多種形式的醫療保險制度；而一九九九年出臺的《失業保險條例》，則在完善失業保險制度方面邁出了重要的一步。至此，以養老、醫療、失業三大保險為主的企業職工社會保險基本框架的「雛形」初步搭建完畢。

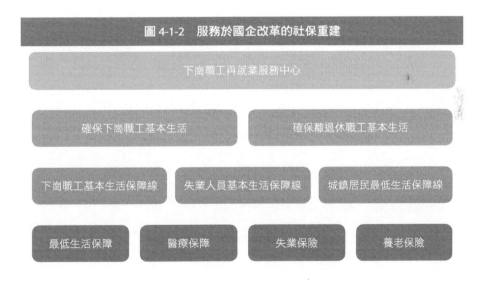

圖 4-1-2　服務於國企改革的社保重建

下崗職工再就業服務中心

確保下崗職工基本生活　　確保離退休職工基本生活

下崗職工基本生活保障線　失業人員基本生活保障線　城鎮居民最低生活保障線

最低生活保障　醫療保障　失業保險　養老保險

進入新世紀以來的頭幾年，中國社會保障制度改革繼續沿著前一個階段確立的軌道展開。通過不斷總結經驗，確保國有企業下崗職工基本生活和企業離退休人員基本養老金按時足額發放成果繼續得到鞏固，各項保險制度改革穩步推進，國有企業下崗職工基本生活保障制度向失業保險制度併軌基本完成，社會保險覆蓋面繼續擴大，保障能力明顯增強。第十個五年計劃（2001-2005）期末，全國參加基本養老保險、基本醫療保險、失業保險、工傷保險、生育保險人數分別達到 1.75 億人、1.38 億人、1.06 億人和 8478 萬人、5408 萬人，參加農村社會養老保險的人數達到 5442 萬人。二○○五年，社會保險基金收入 6968 億元，支出 5401 億元。同一時期，企業退休人員社會化管理服務取得積極進展；企業年金制度開始實行。這一時期的社會保障制度改革為國有企業改革和經濟結構調整作出了重要貢獻。

社會保障體系建設的全面、加速推進

近十餘年來，中國政府從經濟社會發展面臨的新形勢新任務新特點出發，提出了科學發展觀的重大戰略思想和構建社會主義和諧社會的重大戰略任務，出臺了一系列關係民眾切身利益的具有深遠意義的政策措施，社會保障體系建設作為民生政策的基礎工程受到前所未有的重視，走上了城鄉統籌、覆蓋全社會的快車道。

社會保險

社會保險是社會保障制度中的核心內容。近年來，中國政府相繼公布

▲ 社會保險是社會保障制度的核心內容，人們對此極為關注。

了《中華人民共和國社會保險法》，修訂了《工傷保險條例》。建立新型農村社會養老保險制度並開展試點，全面建立企業職工基本養老保險省級統籌制度，建立並全面實施城鎮居民基本醫療保險制度，新型農村合作醫療制度和城鄉醫療救助制度普遍實施，職工基本醫療保險制度進一步完善。特別是繼二○○九年初將農民工納入城鎮職工基本養老保險體系之後，二○○九年年底開啟的新型農村社會養老保險（簡稱「新農保」）試點和二○一一年七月啟動的城鎮居民社會養老保險（簡稱「城居保」）試點進展順利，取得積極成效，二○一二年基本實現制度全覆蓋。截至二○一三年底，全國新農保、城居保參保人數已達 4.98 億人，其中領取待遇人數達 1.38 億人，加上職工養老保險，合計覆蓋了 8.2 億人。

▲ 社會保險基本覆蓋全民的理念得到廣泛傳播。

二〇一四年二月，國務院印發《關於建立統一的城鄉居民基本養老保險制度的意見》，部署在全國範圍內建立統一的城鄉居民基本養老保險制度，提出到「十二五」末，在全國基本實現新農保和城居保制度合併實施，並與職工基本養老保險制度相銜接；二〇二〇年前，全面建成公平、統一、規範的城鄉居民養老保險制度，與社會救助、社會福利等其他社會保障政策相配套，充分發揮家庭養老等傳統保障方式的積極作用，更好保障參保城鄉居民的老年基本生活。國家統計局二〇一四年二月公布的二〇一三年國民經濟和社會發展統計公報顯示：截至二〇一三年末，全國參加城鎮職工基本養老保險人數 32212 萬人，參加城鄉居民基本養老保險人數 49750 萬人。參加基本醫療保險人數 57322 萬人。其中，參加職工基本醫療保險人數 27416 萬人，參加居民基本醫療保險人數 29906 萬人。參加失業保險人數 16417 萬人，年末全國領取失業保險金人數 197 萬人。參加工

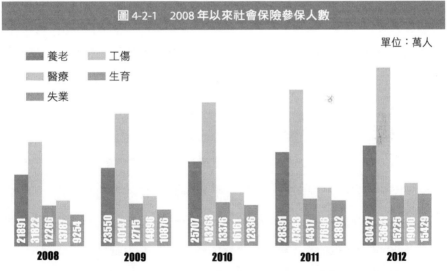

圖 4-2-1　　2008 年以來社會保險參保人數

單位：萬人

養老　　工傷
醫療　　生育
失業

年份	養老	醫療	失業	工傷	生育
2008	21891	31822	12266	13787	9254
2009	23550	40147	12715	14896	10876
2010	25707	43263	13376	16161	12336
2011	28391	47343	14317	17696	13892
2012	30427	53641	15225	19010	15429

▲ 資料來源：人力資源和社會保障部《2012 年度人力資源和社會保障事業發展統計公報》。

傷保險人數 19897 萬人，其中參加工傷保險的農民工 7266 萬人。參加生育保險人數 16397 萬人。2489 個縣（市、區）實施了新型農村合作醫療制度，新型農村合作醫療參合率達 99.0%。按照年人均純收入 2300 元（2010 年不變價）的農村扶貧標準計算，2013 年農村貧困人口為 8249 萬人，比上年減少 1650 萬人。

社會救助

　　這一時期，面對一系列突發性公共事件，中國在著力建立健全應急預案、預警機制的同時，強化了社會救助體系建設。自一九九九年頒布《城市居民最低生活保障條例》之後，二〇〇七年八月下發了《國務院關於在全國建立農村最低生活保障制度的通知》，要求在年內全面建立農村低保制度並保證低保金按時足額發放到戶。當年全國三十一個省（自治區、直轄市）2777 個涉農縣（市、區）全部建立農村低保制度。城鄉居民最低生活保障制度的建立，從根本上修正了傳統社會救濟制度的缺陷，為城鄉社會救助的統一奠定了基礎。同時，隨著救助人數不斷擴大，救助標準逐步提高，救助資金逐年增加，救助程序日益規範，困難群眾的基本生活得到了保障。

　　與此同時，為確保困難群眾的基本醫療需求，一九九七年和二〇〇二年，中共中央、國務院發文提出要對農村貧困家庭實行醫療救助。二〇〇三年，民政部等部門聯合下發了《關於實施農村醫療救助的意見》，要求在全國農村逐步建立醫療救助制度。二〇〇五年，國務院辦公廳轉發了民政部等四部門《關於建立城市醫療救助制度試點工作意見》。到二〇〇八年，城市醫療救助制度從試點探索進入全面實施，農村醫療救助制度進一

▲ 信息化系統建設服務於社會救助工作。

步規範完善，覆蓋全國城鄉的醫療救助制度全面建立，直接施救和資助參保（合）相結合的救助模式基本確定。二〇〇九年和二〇一二年，民政部、人社部等部門又先後下發了《關於進一步完善城鄉醫療救助制度的意見》《關於開展重特大疾病醫療救助試點工作的意見》和《關於做好新型農村和城鎮居民社會養老保險制度與城鄉居民最低生活保障農村五保供養優撫制度衛接工作的意見》，進一步完善城鄉醫療救助制度，並使其與新醫改和城鄉低保體系建設相衛接。同一時期，在擴大城鄉低保制度覆蓋面和逐步建立醫療救助制度的同時，進一步建立與完善了災害救助、臨時救助、農村「五保」供養、農村特困戶救助和流浪乞討人員救助制度，社會慈善、社會捐贈、群眾互助等社會扶助活動和志願服務活動制度化建設取

得明顯成效。

據統計，二〇一二年底，全國共有城市低保對象1114.9萬戶、2143.5萬人，全年各級財政共支出城市低保資金674.3億元；農村低保對象2814.9萬戶、5344.5萬人，各級財政共支出農村低保資金718.0億元。農村「五保」供養對象529.2萬戶、545.6萬人，全年各級財政共支出農村五保供養資金145.0億元。農村傳統救濟79.6萬人，救濟城市「三無」人

▲ 一位患病職工收到了宋慶齡基金會送來的救助金。

員 9.9 萬人。醫療救助方面，全年累計救助城市居民 2077 萬人次，累計救助貧困農村居民 5974.2 萬人次，累計醫療補助優撫對象 404.5 萬人次。全年臨時救助 639.8 萬戶次。此外，教育救助、住房救助和司法救助等也取得長足進展，充實了社會救助的內容，使廣大困難群眾得到了更多實惠。以城鄉低保、農村「五保」、災害救助、醫療救助為基礎，以臨時救助為補充，與廉租住房、教育、司法等專項救助制度銜接配套的覆蓋城鄉的社會救助制度體系全面建立，構築了困難群眾基本生活最後一道保障線。

二○一四年二月中國出臺了第一部統籌各項社會救助制度的行政法規《社會救助暫行辦法》，將最低生活保障、特困人員供養、受災人員救助、醫療救助、教育救助、住房救助、就業救助和臨時救助等八項制度以及社會力量參與作為基本內容，確立了完整清晰的社會救助制度體系。規定社會救助堅持托底線、救急難、可持續，與其他社會保障制度相銜接，社會救助水平與經濟社會發展水平相適應。

社會福利

隨著國有企業改革的不斷深入，國有企業及其職工的數量不斷減少，加之國有企業和機關、事業單位職工的福利事業逐步走向社會化，單位和企業對福利事業的投入大大減少，負擔明顯減輕。與此同時，盡管與群眾的需求還有相當的距離，但傳統的社會福利事業還是有了顯著的發展，城鄉各類社會福利設施條件不斷改善，功能不斷增強，老年人、兒童（孤殘、流浪）和殘疾人受到重點關照。據民政部統計，截至二○一二年底，全國各類提供住宿的社會服務機構 4.8 萬個（其中登記注冊為事業單位機

表 4-2-1　2005 年以來社會救助情況
單位：萬人

指標	2005	2006	2007	2008	2009	2010	2011	2012
城市最低生活保障人數	2234.2	2240.1	2272.1	2334.8	2345.6	2310.5	2276.8	2143.5
農村最低生活保障人數	825.0	1593.1	3566.3	4305.5	4760.0	5214.0	5305.7	5344.5
農村「五保」供養人數	300	503.3	531.3	548.6	553.4	556.3	551	545.6

資料來源：民政部《2012 年社會服務發展統計公報》。

構 1.1 萬個）；床位 449.3 萬張，每千人口平均擁有社會服務機構床位 3.3 張；收養各類人員 309.5 萬人。其中各類養老服務機構 44304 個，擁有床位 416.5 萬張，每千名老年人擁有養老床位 21.5 張，年末收養老年人 293.6 萬人。此外還有智障與精神疾病服務機構、兒童福利和兒童救助服務機構以及救助管理站等其他提供住宿的社會服務機構。不提供住宿的社會服務包括老齡服務、兒童福利、福利企業、社會救助、防災減災、慈善事業、優撫安置、社區服務等幾個方面的工作，其中社區服務方面，截至二〇一二年底，全國共有各類社區服務機構 20.0 萬個，社區服務機構覆蓋率 29.5%；城市社區服務中心（站）覆蓋率 72.5%；城鎮便民、利民服務網點 39.7 萬個；社區志願服務組織 9.3 萬個。

　　當然，社會福利方面也有來自社會組織、群眾自治組織以及全社會方方面面的貢獻。二〇一二年，國務院發布的《關於鼓勵和引導民間投資健康發展的若干意見》要求，通過用地保障、信貸支持和政府採購等多種形

式，鼓勵民間資本參與發展社會福利事業，興辦各類社會福利機構。民政部也出臺了《關於支持社會力量興辦社會福利機構的意見》。在福利保障上，目前已經形成了一個以老年社會福利機構為骨幹、社區老年人福利服務為依托、居家養老為基礎的老年人社會福利服務體系，建立健全了保護特困老年人基本生活權益的社會保障網絡；修訂後的《未成年人保護法》明確規定了未成年人享有生存權、發展權、受保護權、參與權和受教育權

▲ 安徽省太湖縣城西鄉的孤兒們領到了助學基金。

等權利，確立了未成年人優先原則，並強化了政府、社會、學校和家庭的責任等，為未成年人健康成長撐起了一片「藍天」；二〇一〇年和二〇一一年，國務院辦公廳先後下發了《關於加強孤兒保障工作的意見》和《國務院辦公廳關於加強和改進流浪未成年人救助保護工作的意見》，進一步完善了孤兒和流浪未成年人救助保護體系；已經形成以憲法為依據，以刑事、民事、行政等法律為基礎，以殘疾人保障法為主導，以殘疾人教育條例、就業條例等行政法規為輔助，以優惠和扶助殘疾人的地方法規為補充，全面保障殘疾人權利和促進殘疾人事業發展的法律體系，直接涉及殘疾人權利保護的法律已經達到五十多部。此外，義務教育開始免費，中學、大學教育開始增加對貧困生的資助。

社會保障範圍和社會保障服務體系

進入「十二五」（2011-2015）時期，中國社會保障覆蓋範圍從城鎮擴大到農村，從國有企業擴大到各類用人單位，從職工擴大到靈活就業人員和城鄉居民，越來越多的人享有了基本社會保障，一批歷史遺留的突出問題得到解決，社會保障水平有較大幅度提高。社會保障管理服務體系初步

表 4-2-2　2005-2012 年社會服務機構床位數

指標	2005	2006	2007	2008	2009	2010	2011	2012
床位數（萬張）	180.7	204.5	269.6	300.3	326.5	349.6	396.4	449.3
每千人口床位數（張）	1.38	1.56	2.04	2.26	2.45	2.61	2.61	3.32

資料來源：民政部《2012年社會服務發展統計公報》。

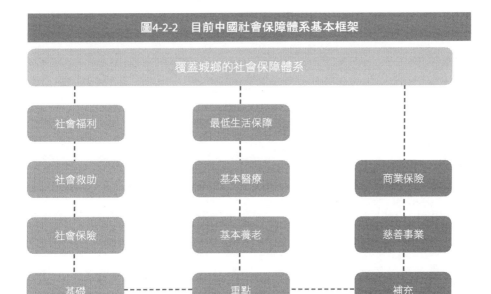

圖4-2-2　目前中國社會保障體系基本框架

覆蓋城鄉的社會保障體系

社會福利	最低生活保障	
社會救助	基本醫療	商業保險
社會保險	基本養老	慈善事業
基礎	重點	補充

建立，形成了以各級社會保險經辦機構為主幹、以銀行及各類定點服務機構為依托、以社區勞動保障工作平臺為基礎的社會保障管理服務組織體系和服務網絡，並逐步向鄉鎮、行政村延伸。「金保工程」（全國統一的勞動和社會保障電子政務工程）一期建設任務順利完成，建立了中央、省、市三級網絡，並全部實現省、部聯網。到二〇一四年一月底，全國統一社會保障卡已經發行了 5.6 億張，年底可望發行 6.6 億張以上，二〇一五年預計達到八億張，覆蓋 60%的國民，從而為城鄉社會保障的統籌和融合提供技術上的支持。截至二〇一二年底，全國社會保險基金收支結餘4915 億元，年末滾存結餘 40943 億元，資金總體安全完整。

住房保障體系的確立和完善

住房商品化和「安居工程」

　　中國傳統的城鎮住房制度是一種以國家統包、無償分配、低租金、無限期使用為特點的實物福利性住房制度，到改革以前這一制度的弊端已充分暴露（欠賬太多，包袱太重，分配不公，消費結構扭曲），最主要的是住房短缺，難以為繼。有鑑於此，一九七八年和一九八〇年鄧小平兩次談到住房制度改革的思路。國家開始試售住房，允許私人建房、私人購房、私人擁有自己的住房。從一九九四年開始全面推進住房商品化、社會化（相應建立起了住房公積金制度）。

▲ 中國住房保障體系的建立已經歷二十年時間。

一九九四年七月國務院下發的《關於深化城鎮住房制度改革的決定》，提出要建立以中低收入家庭為對象、具有社會保障性質的經濟適用房供應體系和以高收入家庭為對象的商品房供應體系，這一規定可以視為開始構建與社會主義市場經濟體制相適應的城鎮居民住房保障體系的標志。一九九八年七月三日發布《國務院關於進一步深化城鎮住房制度改革加快住房建設的通知》，宣布了三項重要措施：（1）停止住房實物分配，實行住房分配貨幣化；調整住房投資結構，重點發展經濟適用住房，加快解決城鎮住房困難居民的住房問題。（2）建立和完善以經濟適用住房為主的住房供應體系，對不同收入家庭實行不同的住房供應政策。最低收入家庭租賃由政府或單位提供的廉租住房；中低收入家庭購買經濟適用住

▲ 到二〇一三年底，中國累計解決三千四百萬城鎮家庭的住房困難。

房。對高收入家庭購買、租賃的商品住房，實行市場調節價。（3）發放住房補貼。自此，與新的住房制度相配套的住房保障體系初露端倪。

一九九五年開始的成規模的保障性住房建設被稱作「安居工程」。這一年年初，國務院住房制度改革領導小組下發了《國家安居工程實施方案》，提出從一九九五年起，在原有住房建設規模基礎上，新增安居工程建築面積 1.5 億平方米，用五年左右時間完成。國家安居工程住房直接以成本價向中低收入家庭出售，並優先出售給無房戶、危房戶和住房困難戶，在同等條件下優先出售給離退休職工、教師中的住房困難戶，不售給高收入家庭。一九九八年住房貨幣化邁出實質性步伐以後，各地相應加大了經濟適用房的建設力度。一九九九年，建設部先後單獨以及會同有關部門制定了《城鎮廉租住房管理辦法》《城鎮最低收入家庭廉租住房管理辦法》《廉租住房租金管理辦法》《城鎮最低收入家庭廉租住房申請、審核及退出管理辦法》《已購公有住房和經濟適用住房上市出售管理暫行辦法》等一系列法規、規章，為新的住房保障體系作了一些制度上的鋪墊。

但是進入新世紀以來，特別是自二〇〇三年《國務院關於促進房地產市場持續健康發展的通知》下發以來，各地本著經營城市的理念和住房市場化的取向，競相將房地產業培植為支柱產業，大搞土地出讓，相應地大搞商品房建設，房地產價格節節攀升，經濟適用住房的建設投資陷入谷底且分配不公問題嚴重，加之建立廉租住房制度的目標未能完全落實，普通民眾的基本住房需求無法得到滿足，由此引發了許多社會矛盾。於是，從二〇〇五年三月二十六日國務院辦公廳發出《關於切實穩定住房價格的通知》開始，政府連續出臺調控措施給過熱的房地產市場降溫，試圖抑制住房價格單邊上漲趨勢。但是，需求管理並未伴隨供應結構上的變化，「安

▲ 多年來火熱的中國房地產市場開始降溫。

居工程」推進緩慢，這種局面一直到二〇〇七年國務院出臺《關於解決城市低收入家庭住房困難的若干意見》，特別是二〇〇八年爆發國際金融危機之後，才有了明顯改變。

保障性住房體系的逐步完善和建設力度的顯著加大

經過幾年來的房地產市場調控實踐，中國政府增強了加快建立和完善住房保障體系的迫切性，逐步明確了政府的責任和宏觀調控的主攻方向。主要是：強化政府住房保障職能，加快城鎮廉租住房制度建設，規範發展經濟適用住房，積極發展住房二級市場和租賃市場，有步驟地解決低收入

家庭的住房困難。二〇〇七年發出的《國務院關於解決城市低收入家庭住房困難的若干意見》，標誌著從「重市場、輕保障」向「市場、保障並重」的正確方向的回歸，從「重買房、輕租賃」向著「租、售並舉」的合理模式的回歸。

二〇〇七年房改政策最大的亮點在於進一步明確提出了住房保障制度的目標和基本框架，即以城市低收入家庭為對象，進一步建立健全城市廉租住房制度，改進和規範經濟適用住房制度，加大棚戶區、舊住宅區改造力度，使低收入家庭住房條件得到明顯改善。這一年的中共十七大提出到二〇二〇年要實現「住有所居」的目標。為此，政府著手較快保障性住房建設步伐。二〇〇九年三月，中國政府明確提出，加快落實和完善促進保障性住房建設的政策措施，爭取用三年時間，解決七百五十萬戶城市低收入住房困難家庭和二百四十萬戶林區、墾區、煤礦棚戶區居民的住房問題。在二〇〇九年預算安排的中央重大公共投資中，有四九三億元用於廉租房建設、棚戶區改造、農村危房改造試點和少數民族地區游牧民定居工程建設。國務院有關部門及時制定了廉租住房保障規劃，出臺了有關農村危房改造的指導意見，確定在二〇〇九年採取實物配租和租賃補貼相結合的方式，解決二百六十萬戶城市低收入住房困難家庭的住房問題，其中新增廉租住房一七七萬套、新增發放租賃補貼八十三萬戶；解決八十萬戶林區、墾區、煤礦的棚戶區居民的住房改造；幫助八十萬個農村貧困戶實施危房改造；繼續推進游牧民定居工程。二〇一〇年國務院下發《關於堅決遏制部分城市房價過快上漲的通知》，要求加快保障性安居工程建設，保障性住房、棚戶區改造和中小套型普通商品住房用地不低於住房建設用地供應總量的 70%，並優先保證供應；房價過高、上漲過快的地區，要大

▲ 政府改建的安居工程幫助很多人解決了住房困難。

幅度增加公共租賃住房、經濟適用住房和限價商品住房供應；確保完成二
〇一〇年建設保障性住房三百萬套、各類棚戶區改造住房二百八十萬套的
工作任務。同年，住房城鄉建設部等七部門聯合制定並下發了《關於加快
發展公共租賃住房的指導意見》；年底召開的中央經濟工作會議提出「要
加快推進住房保障體系建設，加大保障性安居工程建設力度，逐步形成符
合中國國情的保障性住房體系和商品房體系」。二〇一一年中國政府宣
布：「十二五」期間，全國城鎮保障性住房覆蓋面達到 20%左右；二〇一
一年再開工建設保障性住房、棚戶區改造住房共一千萬套；進一步落實和

圖 4-3-1　中國住房保障體系的基本框架

保障性安居工程

農村危房改造工程
游牧民定居工程

棚戶區改造

城市棚戶區改造

國有工礦棚戶區改造

國有林區棚戶區改造

國有墾區危房改造

煤礦棚戶區改造

保障性住房

租賃型保障房

廉租住房

公共租賃住房

購置型保障房

經濟適用住房

限價商品住房

完善房地產市場調控政策，堅決遏制部分城市房價過快上漲勢頭。同年，中央花大力氣進一步落實和完善房地產市場調控政策，擴大保障住房建設規模，建立健全考核問責機制。二〇一二年全國新開工保障性住房和棚戶區改造住房七百七十萬套，基本建成五百五十萬套，超額完成了年初制定的任務目標。二〇一三年繼續大規模建設保障性安居工程，任務是基本建成四百六十萬套、新開工六百萬套，完成農村危房改造三百萬戶左右。據初步統計，截至二〇一一年底，全國累計用實物方式解決了二六五〇萬戶城鎮低收入和中等偏下收入家庭的住房困難，實物住房保障受益戶數占城鎮家庭總戶數的比例達到 11%。這一部分統計數據包括了廉租房、經濟

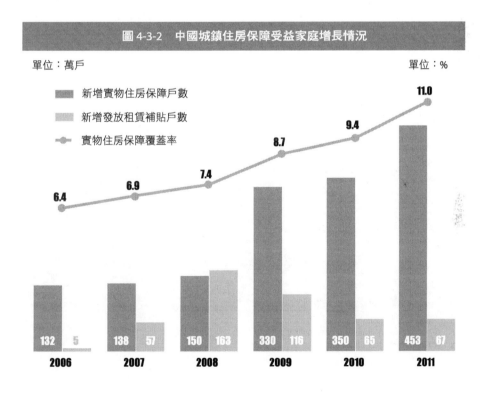

圖 4-3-2　中國城鎮住房保障受益家庭增長情況

適用房、限價房和公租房，還有一部分棚戶區改造計劃的受益居民。除此以外，通過貨幣補貼形式受益於住房保障計劃的居民約有近四百五十萬戶。二者合併計算約有三千多萬戶，如按三口之家計算，總共有近一億人通過不同形式的保障房解決了住房困難。

總體上看，二〇〇八至二〇一二年這五年，是中國歷史上保障性住房建設規模最大、投入最多的五年，全國共開工建設城鎮保障性住房超過三千萬套，基本建成一千七百萬套以上，大批城鎮中低收入家庭的住房困難得到解決。同時，農村危房改造也已經實現了全國農村地區全覆蓋，累計支持了 1033.4 萬貧困戶實施危房改造。二〇一四年起，各地廉租住房和公共租賃住房併軌運行，公租房、棚戶區改造有望成為保障房建設的重

▲ 大興安嶺林區經過棚戶區改造，新建起了現代化的住宅樓。

點，以往附加產權的經濟適用房、限價房等保障房模式將逐步淡出。同時鼓勵發展共有產權保障房，調動群眾改善住房條件積極性。

不過，迄今為止的住房保障體系建設主要是針對包括流動人口在內的城鎮居民而言的，農村還基本是一片空白。中共十七大以來，許多地方針對農村困難群眾的危舊房改造力度加大，也建起了一些經濟適用房和獎勵性住房，福建的閩侯還嘗試建立了一套以實物配租為主、租賃補貼為輔的農村住房保障體系。二〇一一年四月，進行城鄉統籌試驗的成都市宣布，該市基於全域覆蓋、基本保障、統一管理的原則，出臺了《關於建立農村住房保障體系的實施意見（試行）》，將在二〇一二年內全面建成農村住房保障體系。這被媒體稱為中國首個農村住房保障制度，也是最為徹底的成都戶籍改革的配套細則之一。

「十二五」時期的主要課題和前景展望

主要課題

　　中國改革開放以來的社會保障事業發展經歷了兩個階段，以二〇〇二年中共十六大為界，前一個階段是以社會保險為主的社會保障重建和形成階段，後一個階段是以統籌城鄉為目標的社會保障創新和發展階段（住房保障仍停留在前一個階段）。近年來，中國社會保障工作取得的主要成就突出體現在四個方面：體系框架初步形成，基本完成了制度轉型；覆蓋範圍不斷擴大，待遇水平穩步提高；一批體制轉軌的歷史遺留問題得到解決，有力支持了國有企業改革和經濟結構調整；社會化管理服務體系初步建立，減輕了企事業單位的社會事務負擔。實踐證明，社會保障是社會安定有序的重要保證，是國家長治久安、人民生活幸福、經濟持續增長的重要基礎。建立和完善社會保障體系，是建立社會主義市場經濟體制的重要內容，關係到廣大人民群眾的切身利益，關係到確保改革開放、現代化建設及國家長治久安的大局，對調節收入分配、促進社會公平、擴大國內需求、拉動經濟增長具有重要作用。

　　中國社會保障事業下一步的發展面臨諸多有利條件：政府高度重視社會保障體系建設，為社會保障事業加快發展提供了堅實的政治基礎；改革開放三十多年來，經濟建設取得了舉世矚目的成就，綜合國力極大增強，為社會保障事業加快發展提供了雄厚的經濟基礎；社會發展進入新的階段，人民生活水平顯著提高，廣大人民群眾的社會保障意識增強，對社會保障的期盼提高，為社會保障事業加快發展提供了良好的社會基礎；社會

▲ 二〇〇二年十一月八日，中共十六大開幕，提出全面建設小康社會。

保障制度經過二十多年的改革探索，積累了寶貴的經驗，為社會保障事業加快發展提供了豐富的實踐基礎。

在充分認識社會保障事業加快發展的有利條件的同時，也必須清醒地看到，中國社會保障體系還不完善，城鄉社會保障發展還不平衡，廣大農村地區社會保障發展嚴重滯後，一些基本保障制度覆蓋面比較窄；隨著城鎮化進程的不斷推進，加強制度整合、銜接和推進管理服務一體化的要求日趨緊迫，難度不斷提高；城鄉間、不同群體間社會保障待遇差距仍然較大，矛盾比較突出；人口老齡化加快，養老保險個人賬戶大部分空賬運行，社會保障長期資金平衡和基金保值增值壓力加大；社會保險統籌層次低、信息化建設發展水平不均衡、管理服務體系不健全等問題尚未得到根本解決，在一定程度上成為完善社會保障體系、促進基本公共服務均等化發展的制約因素；社會保障內部各板塊、各要素的發展不平衡，老百姓看病難、看病貴的問題尚未得到根本緩解，解決困難群眾基本住房的任務還十分艱巨。

個案剖析：以養老保障體系為例

我們以被詬病較多的養老保障體系的「碎片化」問題為例來分析說明。一般認為中國的養老保障實行的是所謂「雙軌制」，即機關事業單位一套體系，企業職工一套體系，而且後者拿到的養老金遠低於前者，甚至

▲ 新聞漫畫：最低生活保障，築牢最後一道防護網。

已經低於國際組織提出的養老金替代率警戒線水平[1]。但事實上，中國的養老保障體系遠不止「雙軌」，而是「多軌」。中國社會科學院世界社會保障研究中心主任鄭秉文披露：「目前制度的碎片化太嚴重了。比如上海，社保有四個制度：城保、鎮保、農保、綜保，如果再加上事業單位和公務員制度，就是六個制度。問題是，這些制度之間，貧富差距較大。但是，他們各是各的，制度之間沒有打通，導致一種不合理的狀況：缺錢的

1　養老金替代率即養老金占工資的百分比。數據顯示，中國城鎮基本養老保險替代率由二〇〇二年的 72.9% 下降到二〇〇五年的 57.7%，此後一直下降，二〇一一年為 50.3%。世界銀行組織建議，要維持退休前的生活水平不下降，養老金替代率需不低於 70%；國際勞工組織建議養老金替代率最低標準為 55%。參見《我國企業養老金替代率已跌破國際警戒線 退休差距有擴大之勢》，人民網，2013 年 11 月 1 日。

制度需要轉移支付，有錢的制度錢卻在那裡連年貶值。上海的這種狀況是全國的一個縮影，充分反映了碎片化嚴重的制度缺陷……這種狀況必須通過建立統一的社保制度來解決。」[2]

　　然而，建立全國統一的社保制度又談何容易。誰都知道併軌勢在必行，併軌的原則應當是公平可持續，可是向什麼標準併？怎麼併？改起來涉及利益調整和資源重新分配，牽一髮而動全身，殊為不易。以議論最多的機關事業單位與企業職工養老保障體系的併軌為例，早在二〇〇八年二月，國務院就公布了《事業單位工作人員養老保險制度改革試點方案》，確定在山西、上海、浙江、廣東、重慶五省市先期開展事業單位養老保險制度改革試點。但五年多時間過去了，相關改革進展緩慢。原因在於這項改革觸及事業單位工作人員的切身利益，而且事業單位還在等著看公務員系統怎麼改。再如，城鎮基本養老保險替代率已經降得很低，一味堅持現行制度規定的退休年齡勢將不可持續，但是一說起延遲退休年齡就立即遭到企業職工的強烈反對。新近有研究顯示，如果繼續執行現行養老體系，不對退休年齡等進行調整改革，到二〇二三年，全國範圍內職工養老保險即將收不抵支，出現資金缺口，需要動用養老金累計結餘。到二〇五〇年，為了維持養老體系運轉所需財政補貼占當年 GDP 的比例將會達到8.46%，而占當年財政支出的比例更達到 34.85%，即約三分之一的財政支出將被用於彌補養老保險的資金缺口。顯而易見，涉及重新分割「蛋

2　《我國社會保障制度急需改革的幾個重要問題——訪中國社會科學院世界社保研究中心主任、拉丁美洲研究所所長鄭秉文》，《中國黨政幹部論壇》2011 年第 3期。

▲ 中國養老保障體系的「碎片化」問題使人們深感困惑。

糕」的改革比做大「蛋糕」的改革難度要大得多，但無論如何，只要達成需要改革的共識就總會找到一個最大公約數。中國共產黨和中國政府攻堅克難的決心是毋庸置疑的，新近出臺的建立統一的城鄉居民基本養老保險制度的舉措就是一個很好的開端。

深化改革的規劃部署

面對新階段新要求、新挑戰，中共十七大對下個階段如何更好更快地發展社會保障事業作出了全面部署，《國民經濟和社會發展第十二個五年規劃綱要》堅持民生優先的原則，對收入分配、社會保障、公共服務體系建設、醫療、教育、住房等諸多方面做了通盤考慮。「十二五」時期，是實現全面建設小康社會的關鍵時期，是加快經濟發展方式轉變、保持經濟

平穩較快發展的攻堅時期，也是社會保障領域深化改革和在關鍵環節上實現突破的重要時期。根據十七大精神和國家「十二五」規劃，到二〇一五年中國社會保障事業發展的主要目標是：社會保障制度基本完備，體系比較健全，覆蓋範圍進一步擴大，保障水平穩步提高，歷史遺留問題基本得到解決，為全面建設小康社會提供水平適度、持續穩定的社會保障網。在制度建設方面，力爭做到各項保障制度基本完備；機關事業單位養老保險制度改革穩步推進，已有各項保障制度不斷完善；城鄉統籌取得積極進展，多層次保障體系進一步完善。在覆蓋範圍方面，力爭做到基本養老保險、基本醫療保險保障人群實現基本覆蓋；城鎮基本養老保險參保人數達到 3.57 億人，其中企業職工基本養老保險達到 3.07 億人；新農保參保人數達到 4.5 億人；城鄉基本醫療保險參保率在二〇一〇年基礎上提高三個百分點，工傷保險參保人數達到 2.1 億人，失業保險參保人數達到 1.6 億人，生育保險參保人數達到 1.5 億人；城鄉最低生活保障實現應保盡保。在保障水平方面，繼續提高各項社會保險待遇水平；企業職工基本養老

圖 4-4-1	「十二五」時期基本公共服務範圍和重點
1	公共教育
	①九年義務教育免費，農村義務教育階段寄宿制學校免住宿費，並為經濟困難家庭宿生提供生活補助
	②對農村學生、城鎮經濟困難家庭學生和涉農專業學生實行中等職業教育免費
	③為經濟困難家庭兒童、孤兒和殘疾兒童接受學前教育提供補助
2	就業服務
	①為城鄉勞動者免費提供就業信息、就業咨詢、職業介紹和勞動調解仲裁
	②為失業人員、農民工、殘疾人、新成長勞動力免費提供基本職業技能培訓
	③為就業困難人員和零就業家庭提供就業援助

3	社會保障
	①城鎮職工和居民享有基本養老保險，農村居民享有新型農村社會養老保險
	②城鎮職工和居民享有基本醫療保險，農村居民享有新型農村合作醫療
	③城鎮職工享有失業保險、工傷保險、生育保險
	④為城鄉困難群體提供最低生活保障、醫療救助、殯葬救助等服務
	⑤為孤兒、殘疾人、五保戶、高齡老人等特殊群體提供福利服務
4	醫療衛生
	①免費提供居民健康檔案、預防接種、傳染病防治、兒童保健、孕產婦保健、老年人保健、健康教育、高血壓等慢性病管理、重性精神疾病管理等基本公共衛生服務
	②實施艾滋病防治、肺結核防治、農村婦女孕前和孕早期補服葉酸、農村婦女住院分娩補助、農村婦女宮頸癌乳腺癌檢查、貧困人群白內障復明等重大公共衛生服務專項
	③實施國家基本藥物制度，基本藥物均納入基本醫療保障藥物報銷目錄
5	人口計生
	①提供免費避孕藥具、孕前優生健康檢查、生殖健康技術和宣傳教育等計劃生育服務
	②免費為符合條件的育齡群眾提供再生育技術服務
6	住房保障
	①為城鎮低收入住房困難家庭提供廉租住房
	②為城鎮中等偏下收入住房困難家庭提供公共租賃住房
7	公共文化
	①基層公共文化、體育設施免費開放
	②農村廣播電視全覆蓋，為農村免費提供電影放映、送書送報送戲等公益性文化服務
8	基礎設施
	①行政村通公路和客運班車，城市建成區公共交通全覆蓋
	②行政村通電，無電地區人口全部用上電
	③郵政服務做到鄉鄉設所、村村通郵
9	環境保護
	①縣縣具備污水、垃圾無害化處理能力和環境監測評估能力
	②保障城鄉飲用水水源地安全

金、城鎮居民社會養老保險和新農保基礎養老金穩步增長；職工基本醫療保險、城鎮居民基本醫療保險和新農合在政策範圍內住院費用支付比例達到 75%左右；城鎮居民基本醫療保險和新農合門診統籌覆蓋所有統籌地區，穩步推進職工基本醫療保險門診統籌；失業保險、工傷保險、生育保險待遇標準和城鄉低保標準穩步提高，工傷傷殘職工享有基本的職業康復服務。在服務體系建設方面，力爭做到覆蓋全社會的勞動就業和社會保障公共服務網絡基本形成，全國所有街道（社區）、鄉鎮（行政村）基本完成勞動就業和社會保障基層服務平臺建設，行政村普遍實施勞動就業和社會保障協管員制度；縣級以上（含縣級）普遍建立布局合理、功能齊全、信息聯網的社會保障基礎服務設施；國家統一標準的社會保障卡持卡人數達到八億人；納入社區管理的企業退休人員比例達到 80%；社會養老服務體系和兒童福利服務體系更加完善，建立健全殘疾人服務體系和農民工留守家屬關愛服務體系；經常性社會捐助體系進一步完善，各鄉鎮（街道）基本建立經常性捐助站（點）和慈善超市。

二〇一三年十一月，中共十八屆三中全會作出的《關於全面深化改革若干重大問題的決定》圍繞社會保障制度的改革作出如下決定：（一）建立更加公平可持續的社會保障制度。堅持社會統籌和個人賬戶相結合的基本養老保險制度，完善個人賬戶制度，健全多繳多得激勵機制，確保參保人權益，實現基礎養老金全國統籌，堅持精算平衡原則。推進機關事業單位養老保險制度改革。整合城鄉居民基本養老保險制度、基本醫療保險制度。推進城鄉最低生活保障制度統籌發展。建立健全合理兼顧各類人員的社會保障待遇確定和正常調整機制。完善社會保險關係轉移接續政策，擴大參保繳費覆蓋面，適時適當降低社會保險費率。研究制定漸進式延遲退

圖 4-4-2　改善民生行動計劃

擴大城鄉就業規模
城鎮年均新增就業 900 萬人，年均轉移農業勞動力 800 萬人。企業勞動合同簽訂率達到 90%，集體合同簽訂率達到 80%。

提高最低工資標準
最低工資標準年均增長 13%以上。絕大多數地區最低工資標準達到當地城鎮從業人員平均工資的 40%以上。

提高養老保障水平
實現城鎮職工基礎養老金全國統籌。城鎮參加基本養老保險人數新增 1 億人。城鎮職工基本養老金穩定增長，城鎮 60 歲以上非就業居民享受基礎養老金待遇。實現新型農村社會養老保險制度全覆蓋，提高基礎養老金水平。

提高醫療保障水平
城鄉三項基本醫療保險參保人數新增 6000 萬以上。財政對城鎮居民基本醫療保險和新型農村合作醫療的補助標準逐步提高，政策範圍內的醫保基金支付水平提高到 70%以上。

提高城鄉低保標準
城鄉居民最低生活保障標準年均增長 10%以上。

減少農村貧困人口數量
加大扶貧投入，逐步提高扶貧標準，顯著減少貧困人口數量。

減輕居民稅收負擔
「十二五」前期提高個人所得稅工資薪金所得費用扣除標準，合理調整個人所得稅稅率結構，中後期建立健全綜合與分類相結合的個人所得稅制度。

實施城鎮保障性安居工程
建設城鎮保障性住房和棚戶區改造住房 3600 萬套（戶），全國保障性住房覆蓋面達到 20%左右。土地出讓淨收益用於保障性住房建設、各類棚戶區改造的比例不低於 10%。

完善就業和社會保障服務體系
加強公共就業、社會保險、勞動監察和調解仲裁等服務設施建設。推行社會保障一卡通，全國統一的社會保障卡發放數量達到 8 億張，覆蓋 60%人口。

增加國有資本收益用於民生支出
擴大國有資本收益上交範圍，逐步提高國有資本收益上交比例，新增部分主要用於社會保障等民生支出。

休年齡政策。加快健全社會保障管理體制和經辦服務體系。健全符合國情的住房保障和供應體系，建立公開規範的住房公積金制度，改進住房公積金提取、使用、監管機制。（二）健全社會保障財政投入制度，完善社會保障預算制度。加強社會保險基金投資管理和監督，推進基金市場化、多元化投資運營。制定實施免稅、延期徵稅等優惠政策，加快發展企業年金、職業年金、商業保險，構建多層次社會保障體系。（三）積極應對人口老齡化，加快建立社會養老服務體系和發展老年服務產業。健全農村留守兒童、婦女、老年人關愛服務體系，健全殘疾人權益保障、困境兒童分類保障制度。（四）穩步推進城鎮基本公共服務常住人口全覆蓋，把進城落戶農民完全納入城鎮住房和社會保障體系，在農村參加的養老保險和醫療保險規範接入城鎮社保體系。

　　住房保障方面的專項規劃尚未出臺，但已明確的目標是：著力解決低收入家庭住房困難問題。規劃期內，各地要通過城市棚戶區改造和新建、改建、政府購置、租賃等方式增加廉租住房和經濟適用住房房源，加大租賃住房補貼力度，著力解決城市低收入家庭的住房困難。到二○一二年末基本解決一千五百四十萬戶低收入住房困難家庭的住房問題之後，二○一三至二○一五年各地要結合實際，穩步擴大制度覆蓋面，適當提高保障標準，力爭到規劃期末，人均住房建築面積十三平方米以下低收入住房困難家庭基本得到保障。對中等偏下收入家庭，要增加公共租賃住房、經濟適用住房和限價商品住房的供應。對棚戶區和危舊房的改造也有進度上的要求。同時，要求加快住房保障立法，依法強化各級政府的住房保障責任，健全組織機構、政策、技術支撐體系，實施住房保障關鍵技術研究及應用示範，加快推進信息化建設。到二○一二年末，所有縣、市健全住房保障

▲ 中國正著力構建一個適度普惠的公共服務體系。

管理機構和具體實施機構，實現住房保障業務系統全國互聯互通；到二〇
一五年末，將基本建立全國住房保障基礎信息管理平臺。《關於全面深化
改革若干重大問題的決定》對住房保障只有短短幾句話：「健全符合國情
的住房保障和供應體系，建立公開規範的住房公積金制度，改進住房公積
金提取、使用、監管機制。」此前，二〇一三年九月二十五日的國務院常
務會議作出決定：（一）適當增加中央補助資金，重點支持保障性安居工
程特別是已建成保障房的配套設施建設。研究多渠道資金支持保障房建
設。有保障房空置的地方，要採取措施努力予以消除。（二）加快制定城
鎮住房保障條例，規範和促進保障性住房建設、管理和運營，穩定人民群
眾對「住有所居」的預期。（三）加快推進公租房和廉租房併軌運行。各

地要制定和完善公開透明的公租房配租政策，充分運用租金槓桿強化準入退出管理。根據困難家庭不同收入情況，實施差別化補貼。

從上述總體規劃和專項規劃作出的部署來看，可以預見，未來五年，中國的社會保障建設一定會向著中共十七大提出的使全體中國人民學有所教、勞有所得、病有所醫、老有所養、住有所居的普惠性目標大步邁進。涉及基本公共服務領域的首部國家級專項規劃《國家基本公共服務體系「十二五」規劃》也明確提出，「十二五」時期，要進一步創新體制機制，增強公共服務供給能力，加快建立健全符合國情、可持續的基本公共服務體系，努力提升基本公共服務水平和均等化程度，推動經濟社會協調發展，為全面建成小康社會夯實基礎。社會保障是國家抵禦公民社會風險的制度體系，由社會保障制度安排和服務體系構成，其中的社會保障服務體系便是公共服務體系的一項重要內容，公共服務體系的建立健全會為社會保障事業提供良好的服務平台和發展助力。當然，中國也要注意吸取西方國家的經驗教訓，立足國情，避免將來走上福利依賴和福利過度的老路。中國所著力構建的是一個能夠滿足全面小康社會建設要求的適度普惠的包括社會保障體系在內的公共服務體系，在這裡，「適度」兩個字是很重要的。分運用租金槓桿強化準入退出管理。根據困難家庭不同收入情況，實施差別化補貼。

從上述總體規劃和專項規劃作出的部署來看，可以預見，未來五年，中國的社會保障建設一定會向著中共十七大提出的使全體中國人民學有所教、勞有所得、病有所醫、老有所養、住有所居的普惠性目標大步邁進。涉及基本公共服務領域的首部國家級專項規劃《國家基本公共服務體系「十二五」規劃》也明確提出，「十二五」時期，要進一步創新體制機制，

增強公共服務供給能力，加快建立健全符合國情、可持續的基本公共服務體系，努力提升基本公共服務水平和均等化程度，推動經濟社會協調發展，為全面建成小康社會夯實基礎。社會保障是國家抵禦公民社會風險的制度體系，由社會保障制度安排和服務體系構成，其中的社會保障服務體系便是公共服務體系的一項重要內容，公共服務體系的建立健全會為社會保障事業提供良好的服務平台和發展助力。當然，中國也要注意吸取西方國家的經驗教訓，立足國情，避免將來走上福利依賴和福利過度的老路。中國所著力構建的是一個能夠滿足全面小康社會建設要求的適度普惠的包括社會保障體系在內的公共服務體系，在這裡，「適度」兩個字是很重要的。

第五章

教育、健康與人力資源

教育和健康決定一國的國民素質。前者決定國民的文化和科技素質，後者決定國民的身體素質，二者一起形成人類的生產能力和發展潛力。當然，完整的考察還應將道德素質考慮在內。這裡所講的教育和健康都是從其狹義上使用的，前者主要考察正規的學校教育，後者主要考察醫療衛生

▲ 二〇一四年六月三十日，為期兩個月的中國流動科技館廣西巡展在羅城仫佬族自治縣民族文化廣場啟動。該活動為公眾和中小學生提供參與科學實踐的場所，讓更多人享受科技館這種互動體驗式的科普教育。

和營養保健。

中國政府歷來高度重視發展教育事業和健康事業。新中國成立以來特別是改革開放以來，在教育方面，義務教育全面普及，基礎教育躍上新的臺階；職業教育迅速發展，顯著改善了新增勞動力結構和素質；高等教育實現跨越式發展，在人才培養、科技創新和社會服務方面作出了突出貢獻；繼續教育不斷推進，向社會提供了多樣化的學習途徑；現代化教育體系初步形成，中國已成為教育大國、人力資源大國。在健康方面，醫療保障體系不斷完善，衛生資源的總量也在持續增加，群眾獲得醫療服務的方便性明顯得到改善，針對各種傳染病的免疫規劃工作成效顯著，國民跨越溫飽之後的安全營養保健意識不斷增強。當然，這些成就的取得經歷了曲折的過程，在許多領域與發達國家相比還有不小差距，中國由人口大國向人力資源強國邁進依然任重道遠。

教育體制的改革和教育事業的發展

改革前二十年的教育制度和辦學體制變革

　　百年大計，教育為本。「文化大革命」結束後，在制度上率先得到恢復的就是教育，包括高考制度、重點學校制度、學校管理制度等等。這套

▲ 一九七八至一九八八年間，中國廣大農村學校貫徹德、智、體、勞全面發展的教學方針。

二〇〇六年一月二十五日，教育部舉行新聞發布會，介紹教育改革與發展的最新情況。

制度自二十世紀八〇年代開始發生實質性變化。在管理權方面，基礎教育確定了地方負責、分級管理的原則，高等學校也逐步被下放、調整和合併，部門辦學、條塊分割的局面得到了根本性扭轉，學校辦學自主權擴大；農村教育從「分級辦學」過渡到了「以縣為主」，投入上也由農業稅附加、鄉鎮財政明確為「政府為主」。

在辦學體制上，義務教育階段的重點學校制度恢復了一個階段後逐步被取消，但自九〇年代中期開始又出現了一千所「示範性普通高中」，擇校現象和收費現象並未明顯改觀；高等學校教育受到空前重視，「211 工

程」[1]和「985 工程」[2]相繼推出，各地湧現出一批行政主導的超大型的高等學校，隨之而來的是高校占用土地和配套資源的大幅擴張，以及從一九九九年開始服從於「高等教育大眾化」目標的連年大幅擴招。

一九九二年明確提出經濟體制改革的目標是建立社會主義市場經濟體制以後，教育界圍繞教育市場化和產業化展開熱烈討論，在非義務教育階段開始採取收費政策（輔之以多種形式的扶持和獎勵政策）。多渠道籌措教育經費彌補了財政性投入的不足，也使教育經費的構成多樣化，來自社會團體和公民個人辦學經費，社會捐、集資辦學經費，學費、雜費和其他收入的非財政性教育經費一度占到了教育經費總額的三成以上，民辦教育有所發展，校辦企業一度成為熱潮。為滿足擴張需要，不少學校尤其是高等院校從此背上了沉重的債務負擔。教育的市場化和產業化背離了教育作為公共產品的屬性，加上家長對獨生子女普遍過高的期望和現實中日漸突出的就業壓力，以及學校的升學率競爭，學生的學業負擔和家長的教育負

---

1 「211 工程」就是面向二十一世紀，重點建設一百所左右的高等學校和一批重點學科點。根據一九九三年二月中共中央、國務院印發的《中國教育改革和發展綱要》以及國務院《關於〈中國教育改革和發展綱要〉的實施意見》，關於「211 工程」的主要精神是：為了迎接世界新技術革命的挑戰，面向二十一世紀，要集中中央和地方各方面的力量，分期分批地重點建設一百所左右的高等學校和一批重點學科、專業，使其到二〇〇〇年左右在教育質量、科學研究、管理水平及辦學效益等方面有較大提高，在教育改革方面有明顯進展，力爭在二十一世紀初有一批高等學校和學科、專業接近或達到國際一流大學的水平。

2 一九九八年五月四日，江澤民總書記在慶祝北京大學建校一百周年大會上向全社會宣告：「為了實現現代化，我國要有若干所具有世界先進水平的一流大學。」為貫徹落實黨中央科教興國的戰略和江澤民的號召，教育部決定在實施「面向 21 世紀教育振興行動計劃」中，重點支持北京大學、清華大學等部分高等學校創建世界一流大學和高水平大學，簡稱「985 工程」。

擔不斷加重。優質教育資源源源不斷地流向基礎較好的地區和學校，資源配置嚴重失衡，地區之間和城鄉之間的差距拉大，部分地區特別是農村貧困地區的青少年輟學率升高，教育不公平問題凸顯。

可以說，改革開放前二十年的教育事業成就很大，問題也很多。成就主要體現在縱向發展上：各級教育毛入學率除小學以外都有幅度不小的提升，如表 5-1-1 所示，一九九二至二○○二年，初中階段教育毛入學率從 71.8%提高到 90.0%，高中階段教育毛入學率從 26.0%提高到 42.8%（全口徑），高等教育毛入學率從 3.9%提高到 15.0%；基本普及九年義務教育和基本掃除青壯年文盲的「兩基」目標初步實現，學前教育和特殊教育取得長足進步，形式多樣的職業技術教育和成人教育全面發展；高等教育規

▲ 二○一二年，中國實現教育經費占 GDP 4%的目標，並努力鞏固這個成果。

模顯著擴大，二○○○年大學生在學人數達到一千一百萬人左右，研究生在學人數由一九八○年的 2.2 萬人增加到 30.1 萬人；對外教育交流與合作不斷擴大，派出留學人員和來華留學人員規模均有較快增加；教育改革全面推進，法制建設成就顯著；辦學條件有所改善，辦學質量有所提升；等等。

問題主要體現在橫向對比上，除了上述市場化和產業化帶來的一些問題以外，與發達經濟體相比，中國教育事業的發展水平還有不小的差距，主要體現在公民人均受教育年限、辦學體制和經費投入上。與發達經濟體相比，中國的人均受教育年限還處於低水平（盡管與 70 年代末 80 年代初相比已經提高了將近 1 倍），這一點後面介紹中國人力資源的總體狀況時詳談。中國在辦學體制上與發達經濟體不同，政府集中了辦學和管理的職能，公辦學校占絕對統治地位。二○○一年，全國各級各類民辦教育機構在校生五百六十六萬人，僅占教育總規模的 2.5%。其中，民辦小學、中學、高校在校生占全國在校生總數的比例僅為 1.5%、3.0%、9.0%。一九九六年，美國、韓國、法國三國私立小學在校生人數分別占在校生總數的比例為 12%、1%、15%；私立中學在校生人數分別占 10%、38%、20%；一九九九年，三個國家專業技術型私立高校在校生人數占該類高校在校生總數的比例為 7.4%、86.0%、26.3%；學術研究型私立高校在校生人數分別占 34.5%、76.5%、9.8%。與發達經濟體相比，中國教育總體投入水平低下。二○○一年，中國教育經費總量占 GDP 的比重僅為 4.83%，而 OECD 國家在一九九八年就達到了 5.8% 的平均水平，韓國、美國、加拿大等國家則超過了 6%，甚至達到 7%。中國二○○一年財政性教育投入占 GDP 的 3.19%，低於美國一九九七年 2.2 個百分點，也低於一九九八

表 5-1-1　中國各級教育毛入學率情況

年份	學前三年教育	小學教育	初中階段教育	高中階段教育		高等教育
	按各地相應學齡計算	按各地相應學齡計算	12-14周歲	15-17周歲		18-22周歲
				職前	全口徑	
1991		109.5	69.7	23.9		3.5
1992		109.4	71.8	22.6	26.0	3.9
1993		107.3	73.1	24.1	28.4	5.0
1994		108.7	73.8	26.2	30.7	6.0
1995		106.6	78.4	28.8	33.6	7.2
1996		105.7	82.4	31.4	38.0	8.3
1997		104.9	87.1	33.8	40.6	9.1
1998		104.3	87.3	34.4	40.7	9.8
1999		104.3	88.6	35.8	41.0	10.5
2000		104.6	88.6	38.2	42.8	12.5
2001		104.5	88.7	38.6	42.8	13.3
2002	36.8	107.5	90.0	38.4	42.8	15.0
2003	37.4	107.2	92.7	42.1	43.8	17.0
2004	40.8	106.6	94.1	46.5	48.1	19.0
2005	41.4	106.4	95.0	50.9	52.7	21.0
2006	42.5	106.3	97.0	57.7	59.8	22.0
2007	44.6	106.2	98.0		66.0	23.0
2008	47.3	105.7	98.5		74.0	23.3
2009	50.9	104.8	99.0		79.2	24.2
2010	56.6	104.6	100.1		82.5	26.5
2011	62.3	104.2	100.1		84.0	26.9
2012	64.5	99.9※	102.1		85.0	30.0

※為淨入學率。

資料來源：袁貴仁主編《百年大計教育為本——黨的十六大以來教育事業改革發展回顧（2002-2012）》，人民出版社 2011 年版；中國教育和科研計算機網；教育部官網。

年巴西、馬來西亞、泰國等發展中國家 4.63%、4.49%、4.27%的水平。義務教育經費中政府承擔比例偏小。二〇〇一年，中國義務教育總投入中，財政性教育經費只占 63.2%。初中教育經費中政府預算內教育經費所占比例小於 60%，小學小於 70%。而在一九九八年，OECD 國家初等、中等及中學後教育經費中，財政性教育經費平均比例已達到了 90.9%。

新世紀以來教育體制改革和教育事業發展的幾大亮點

新世紀以來特別是中共十六大以來，深入實施科教興國戰略和人才強國戰略，教育優先發展的戰略地位得到鞏固和加強，教育事業取得歷史性

表 5-1-2　全國教育經費投入情況
單位：億元

	全國教育經費總投入	國家財政性教育經費
2002 年	5480.0	3491.4
2003 年	6208.3	3850.6
2004 年	7242.6	4465.9
2005 年	8418.8	5161.1
2006 年	9815.3	6348.4
2007 年	12148.1	8280.2
2008 年	14500.7	10449.6
2009 年	16502.7	12231.1
2010 年	19561.8	14670.1
2011 年	23869.3	18586.7
2012 年	27696.0	21984.0

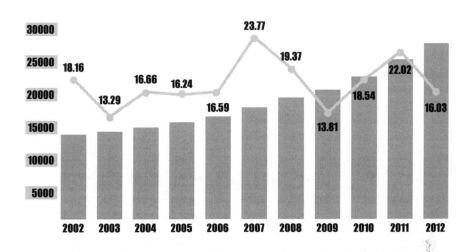

圖 5-1-1　全國教育經費總投入增長形勢

單位：億元　　▨ 全國教育經費總投入　—●— 全國教育經費環比增幅　　單位：%

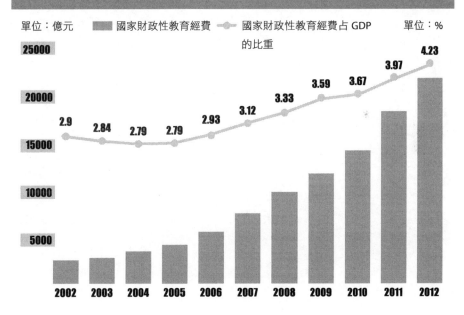

圖 5-1-2　國家財政性教育經費增長形勢

單位：億元　　▨ 國家財政性教育經費　—●— 國家財政性教育經費占 GDP 的比重　　單位：%

成就。

——國家財政對教育的投入水平提升，國家財政性教育經費占 GDP 的比重達到 4%的既定目標。早在一九九三年下發的《中國教育改革和發展綱要》就明確提出：要「逐步提高國家財政性教育經費支出（包括：各級財政對教育的撥款，城鄉教育費附加，企業用於舉辦中小學的經費，校

▲ 山東省濱州市最偏遠的鄉村小學建立了校圖書室。

辦產業減免稅部分）占國民生產總值的比例，本世紀末達到百分之四，達到發展中國家八十年代的平均水平。計劃、財政、稅務等部門要制定相應的政策措施，認真加以落實」。但是，多年來，指導思想上單純追求經濟增長的片面發展觀導致以 GDP 作為地方政績考核的主要指標，加之實用主義盛行，政府和市場「兩只手」的邊界模糊不清，財政性教育投入的增加受體制約束裹足不前，國家財政性教育經費占 GDP 的比重在二○○六年以前一直維持在低於 3%的水平，並且投入嚴重失衡。中共十六大以來，包括教育在內的社會事業的發展受到重視，二○○六年全國人大十屆四次會議審議通過的《國民經濟和社會發展第十一個五年規劃綱要》和中共十六屆六中全會作出的《中共中央關於構建社會主義和諧社會若干重大問題的決定》兩次重申了 4%的指標要求，國家財政性教育經費從這一年開始突破 3%並逐年有所上升。此後，國家領導人反復強調「三個優先」（經濟社會發展規劃要優先安排教育發展，財政資金要優先保障教育投入，公共資源要優先滿足教育和人力資源開發需要），要求在財力支持上盡快形成科學規範的制度。根據中共十七大精神制訂的《國家中長期教育改革和發展規劃綱要（2010-2020 年）》明確提出「提高國家財政性教育經費支出占國內生產總值比例，二○一二年達到 4%」。最終，二○一二年的國家財政性教育經費占 GDP 的比重達到並超過 4%的水平。當然，橫向對比的話中國的公共財政對教育的投入與發達經濟體還有不小差距。

——教育改革不斷深化，教育公平邁出重大步伐。在管理體制方面，各級政府之間對各級各類教育管理的職責與權限更加明確，義務教育實行國務院領導、省級人民政府負責統籌規劃實施、以縣級人民政府管理為主；職業教育實行在國務院領導下，分級管理、地方為主、政府統籌、社

會參與；高等教育實行中央和省級人民政府兩級管理、以省級人民政府管理為主。在辦學體制上，政府與學校的關係逐步理順，學校的辦學自主權初步得到保障，以政府辦學為主體、公辦學校和民辦學校共同發展的格局基本形成。在投入體制上，建立健全了公共教育財政制度，政府對公共教育的保障責任得到加強；非義務教育階段成本分擔機制更加完善，形成了義務教育由政府負全責、非義務教育階段以政府投入為主、多渠道籌措教育經費的體制機制。教育開放進一步擴大，對外交流日益密切，孔子學院蓬勃發展、影響越來越大。與此同時，二〇〇六年和二〇〇八年全國農村和城市先後實現義務教育全免費，惠及 1.6 億多適齡兒童少年；從學前教育到研究生階段完整的家庭經濟困難學生資助體系初步建立。義務教育均衡發展取得實質性進展，教育亂收費現象得到遏制，農民工隨遷子女、殘疾人受教育權利得到切實保障。公共教育資源向農村地區、邊遠貧困地區和民族地區傾斜，二〇〇四年以來相繼實施的農村寄宿制學校建設工程、中西部農村初中校舍改造工程、全國中小學校舍安全工程以及農村義務教育薄弱學校改造計劃，極大地改善了農村學校的辦學條件。

　　——教育普及水平持續提升，教育教學質量有所提高。學前教育發展加快，義務教育實現歷史性跨越，高中階段教育普及提速，高等教育大眾化水平提高。如表 5-1-1 所示，二〇〇二至二〇一二年，各級教育的毛入學率，學前階段由 36.8%提高到 64.5%；義務教育階段初中教育提升了十個百分點以上，從而與小學教育一起實現了全面普及；高中階段教育全口徑從 42.8%提高到 85.0%；大學階段教育從 15%提高到 30%，同樣提高了一倍。中小學領域符合素質教育要求的新課程體系基本建立，學生綜合素質有所提高。職業教育的戰略地位更加突出，以服務為宗旨以就業為導向

的辦學模式基本形成。高等教育由外延擴張轉向內涵發展，高水平大學和重點學科建設明顯加強，但畢業大學生就業問題開始凸現。民族教育發展水平不斷提高，政策支持和對口支援卓有成效。師資力量不斷擴充，教育信息化進程持續提速。

教育領域深化改革的目標和舉措

當前，中國的教育形勢發生了深刻變化。中國正舉辦著世界最大規模的教育，2.6 億學生、1600 萬教師、52 萬所學校，各級各類學校組織的復雜化、結構的多樣化、水平的差異化以及人民群眾教育訴求的個性化都在不斷增強。大規模的人口流動以及經濟全球化、信息化對教育理念和方式帶來全方位的沖擊，經濟的快速發展和社會的全面轉型也給教育的質量、作用和國際競爭能力提出了更高的要求。實現國家現代化，教育必須率先現代化。中共十八大明確提出，到二○二○年教育現代化基本實現。讓世界最大教育體系整體進入現代化，這個任務十分艱巨。

中國政府二○一○年公布的《國家中長期教育改革和發展規劃綱要（2010-2020 年）》將學前教育納入規劃，提出基本普及學前教育；要求減輕中小學生課業負擔，允許進城務工人員隨遷子女在當地參加升學考試；提出逐步實行中等職業教育免費制度，推進政校分開、管辦分離，推進中小學教師職稱改革，推進高校分類入學考試，糾正對民辦教師歧視。對遭詬病已久的校際差距和擇校難題，尤其是中小學，規劃綱要提出：義務教育階段不得設置重點學校和重點班；加快薄弱學校改造，著力提高師資水平；實行優質普通高中和優質中等職業學校招生名額合理分配到區域內初中的辦法；在保證適齡兒童少年就近進入公辦學校的前提下，發展民辦教

表5-1-3　全面建成小康階段教育事業發展主要目標

指標	單位	2009年	2015年	2020年
學前教育				
幼兒在園人數	萬人	2658	3400	4000
學前一年毛入園率	%	74.0	85.0	95.0
學前兩年毛入園率	%	65.0	70.0	80.0
學前三年毛入園率	%	50.9	60.0	70.0
九年義務教育				
在校生	萬人	15772	16100	16500
鞏固率	%	90.8	93.0	95.0
高中階段教育*				
在校生	萬人	4624	4500	4700
毛入學率	%	79.2	87.0	90.0
職業教育				
中等職業教育在校生	萬人	2179	2250	2350
高等職業教育在校生	萬人	1280	1390	1480
高等教育**				
在學總規模	萬人	2979	3350	3550
在校生	萬人	2826	3080	3300
其中：研究生	萬人	140	170	200
毛入學率	%	24.2	36.0	40.0
繼續教育				
從業人員繼續教育	萬人次	16600	29000	35000

注：*含中等職業教育學生數；**含高等職業教育學生數

▲ 二〇一三年，中共十八屆三中全會《決定》提出要進行高考制度改革，這項改革將影響千千萬萬中國學子。

育，提供選擇機會；等等。可見規劃綱要著力解決的是均衡發展和教育公平問題，其所提出的未來若干年教育事業發展的主要目標如表 5-1-3 所示。

　　二〇一三年中共十八屆三中全會作出的《中共中央關於全面深化改革若干重大問題的決定》提出要深化教育領域綜合改革，並圍繞促進學生全面發展和教育公平做作出了全面部署。針對最受家長、學校關注的考試招生制度，《決定》提出要「推進考試招生制度改革，探索招生和考試相對分離、學生考試多次選擇、學校依法自主招生、專業機構組織實施、政府宏觀管理、社會參與監督的運行機制，從根本上解決一考定終身的弊端。

義務教育免試就近入學，試行學區制和九年一貫對口招生。推行初高中學業水平考試和綜合素質評價。加快推進職業院校分類招考或註冊入學。逐步推行普通高校基於統一高考和高中學業水平考試成績的綜合評價多元錄取機制。探索全國統考減少科目、不分文理科、外語等科目社會化考試一年多考。試行普通高校、高職院校、成人高校之間學分轉換，拓寬終身學習通道。」這些措施如果付諸實施並順利推進，中國長期以來的應試教育體系和一考定終身的局面定會大大改觀。

▌醫療衛生體制的改革和醫衛事業的發展

新時期衛生體制改革的曲折歷程

　　與教育體制的改革類似，新時期以來，中國的醫療衛生體制改革同樣經歷了一個曲折的過程，問題同樣出在市場化過度上面。可以說，直到近年來，醫療衛生體制改革才逐步走上正軌，從一個側面突出地體現了中國的改革「摸著石頭過河」的特徵。

　　以一九八五年四月二十五日國務院批轉衛生部《關於衛生工作改革若干政策問題的報告》為標誌，正式啟動醫療衛生體制改革。針對當時衛生事業發展緩慢、與經濟建設和人民群眾的醫療需要不相適應的矛盾，《報

▲ 二〇一四年「兩會」期間，中國醫療衛生體制改革備受關注。

告》提出多渠道、多層次、多形式興辦醫療機構,擴大醫療機構的自主權,提高醫療收費標準,改善醫護人員待遇,把各方面的積極性調動起來。這一階段改革的結果是醫療機構創收動力趨強,政府衛生投入比重下降,居民醫療費用快速上升。一九九二年九月國務院下發《關於深化衛生改革的幾點意見》,提出拓寬衛生籌資渠道、完善補償機制,遵循價值規律,改革醫療衛生服務價格體系,調整收費結構,保證基本醫療預防保健服務,放開特殊醫療預防保健服務價格。至此改革的市場化取向初露端倪。

一九九二年中共十四大明確提出經濟體制改革的目標是建立社會主義市場經濟體制之後,市場化改革的大潮很快從經濟湧向了教育、醫療、住

▲ 中國人均年醫療費二十六年來上漲三十多倍,人們負擔加重。

房等多個原本由政府主導的領域。一九九七年和一九九八年，國務院先後下發了《關於衛生改革與發展的決定》和《關於建立城鎮職工基本醫療保險制度的決定》，提出改革城鎮職工醫療保障制度，建立社會統籌與個人賬戶相結合的醫療保險制度；本著民辦公助和自願參加的原則，在農村多數地區建立起各種形式的合作醫療制度。改革很快觸及公立醫院的產權制度，二〇〇〇年出臺的《關於城鎮醫藥衛生體制改革的指導意見》提出建立新的醫療機構分類管理制度，「鼓勵各類醫療機構合作、合併」，「共建醫療服務集團、營利性醫療機構醫療服務價格放開」等。可以說，這一階段醫療機構改革的主基調是市場化和企業化，導致公立醫院盈利動機增強、醫患矛盾凸顯，公共衛生萎縮，醫療費用快速增長，個人負擔比重過大且相當數量的人群不享受任何醫療保障。這些缺陷和後遺症在二〇〇三年的「非典」危機中暴露，醫療衛生事業的本質屬性和醫療衛生體制的改革方向引起全社會的關注和熱烈討論。

二〇〇六年的《中共中央關於構建社會主義和諧社會若干重大問題的決定》提出：「堅持公共醫療衛生的公益性質，深化醫療衛生體制改革，強化政府責任，嚴格監督管理，建設覆蓋城鄉居民的基本衛生保健制度，為群眾提供安全、有效、方便、價廉的公共衛生和基本醫療服務。」本著這一原則和方向，經過將近三年的充分醞釀和廣泛徵求意見，終於在二〇〇九年出臺了新的醫改方案，即《中共中央、國務院關於深化醫藥衛生體制改革的意見》。《意見》的基本理念是把基本醫療衛生制度作為公共產品向全民提供，強化政府在基本醫療衛生制度中的責任；提出了「有效減輕居民就醫費用負擔，切實緩解『看病難、看病貴』」的近期目標，以及「建立健全覆蓋城鄉居民的基本醫療衛生制度，為群眾提供安全、有

效、方便、價廉的醫療衛生服務」的長遠目標；描繪了近期深化醫改的
「路線圖」，明確了近三年的五項重點工作，並以此為抓手促進公共醫療
衛生事業落實公益性質，著力解決百姓反映最強烈的突出問題。這五項重
點工作是：實現全民醫保，減輕群眾醫療費用負擔；初步建立國家基本藥
物制度，減輕群眾基本用藥費用負擔；健全基層醫療服務體系，方便群眾
看病就醫；促進基本公共衛生服務均等化，力爭讓群眾少生病；推進公立
醫院改革試點，提高服務質量和效率，明顯縮短病人等候時間，實現同級
醫療機構檢查結果互認，努力讓群眾看好病。這五項工作在同時發布的
《醫藥衛生體制改革近期重點實施方案（2009-2011 年）》中得到細化和落
實。可見，「新醫改」是一項覆蓋範圍很廣的系統工程，堅持基本醫療衛
生事業的公益性質是貫穿其中的一條主線。

▲ 二〇一三年，國家新農合信息平臺開通運行。

「新醫改」的主要成就

經過三四年的努力，「新醫改」快速推進，初步建立了中國特色基本醫療衛生制度框架。

一是基本醫療保障制度基本建立，實現「病有所醫」邁出了關鍵性步伐。截至二〇一一年，職工醫保、城鎮居民醫保、新農合參保人數超過十三億，覆蓋率達到95%以上。新農合從二〇〇二年建立，至二〇一一年，參合人數達8.32億，參合率97.5%，人均籌資標準從二〇〇三年的三十元提高到二〇一一年的二四六元，受益人次數從二〇〇四年的0.76億人次提高到二〇一一年的13.15億人次，政策範圍內住院費用報銷比例達到70%以上，補償封頂線達八萬元。二〇一〇年推行新農合大病保障，截至二〇一一年底，已有近三十萬包括兒童白血病、兒童先心病、終末期腎病等八種重大疾病患者享受到補償，實際補償平均達65%。二〇一二年，又將肺癌、食道癌、胃癌等十二種常見多發大病納入農村重大疾病保障試點範圍，費用報銷比例最高可達90%。二〇一三年中共十八屆三中全會要求加快推進重特大疾病醫療保險和救助制度建設，據此國家發展改革委員會等六部門出臺了《關於開展城鄉居民大病保險工作的指導意見》，決定二〇一四年全面推開城鄉居民大病保險試點工作。

二是國家基本藥物制度初步建立，基層醫療衛生機構運行新機制逐步形成。截至二〇一一年，基本藥物零差率銷售覆蓋全部政府辦基層醫療衛生機構，國家基本藥物制度從無到有建立起來，並有序向村衛生室、非政府辦基層醫療衛生機構和公立醫院延伸。目前，基本藥物價格平均下降三成以上。同步推進基層醫療衛生機構綜合改革，落實財政專項補助和經常性收支差額補助，實施綜合量化績效考核和績效工資制度，逐步建立新的

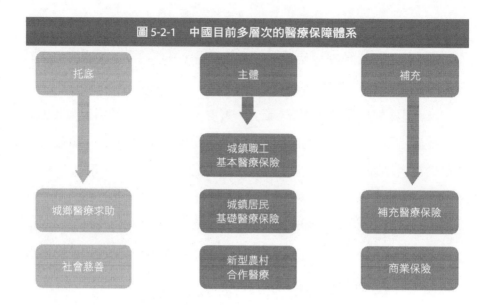

圖 5-2-1　中國目前多層次的醫療保障體系

托底

主體

補充

城鎮職工
基本醫療保險

城鄉醫療求助

城鎮居民
基礎醫療保險

補充醫療保險

社會慈善

新型農村
合作醫療

商業保險

運行機制。

　　三是基層醫療衛生服務體系有效夯實，「強基層」的醫改目標初步實現。二○○九年起，中央財政安排資金四百七十多億元，支持近 3.6 萬個基層醫療衛生機構業務用房建設。啟動了以全科醫生為重點的基層醫療衛生人才隊伍建設，安排 3.6 萬名基層醫療衛生機構在崗人員參加全科醫生轉崗培訓，實施中西部地區農村訂單定向醫學生免費培養工作，為中西部地區農村基層醫療衛生機構培養一萬多人。經過幾年的努力，基層地區保基本水平穩步提高，強基層效果明顯，新機制運行平穩，醫療衛生機構服務能力進一步提升，鄉村醫生隊伍基本穩定、逐步優化。

　　四是實施公共衛生服務項目，城鄉居民公共衛生服務均等化水平明顯提高。國家免費向全體居民提供十類四十一項基本公共衛生服務，經費標準從二○○九年人均十五元提高到二○一一年的二十五元，受益人群不斷

▲ 中國國家基本藥物制度初步建立，基本藥物價格下降。

擴大。針對特殊疾病、重點人群和特殊地區，國家實施了農村孕產婦住院分娩補助、十五歲以下人群補種乙肝疫苗、農村婦女孕前和孕早期補服葉酸、貧困白內障患者免費復明手術、農村適齡婦女宮頸癌和乳腺癌檢查等重大公共衛生服務項目，惠及人群近二億人。

　　五是有序推進公立醫院改革試點，積累了有益經驗。二〇一〇年起，十七個國家聯繫試點城市和三十七個省級試點地區進行公立醫院改革試點，在完善服務體系、創新體制機制、加強內部管理等方面進行積極探索。二〇一二年，全國三一一個縣（市）啟動縣級公立醫院綜合改革試點，以破除「以藥補醫」機制為關鍵環節，統籌推進管理體制、補償機制、人事分配、價格機制、採購機制、監管機制等方面改革。普遍推行臨床路徑管理、同級醫療機構檢驗結果互認、預約診療和分時段就診、雙休

日和節假日門診、優質護理服務等措施，控制醫療費用，方便群眾就醫，提高服務質量，在有效緩解醫患矛盾方面付出了一定的努力。進一步完善鼓勵支持社會辦醫政策，二〇一二年與深化醫改前的二〇〇八年相比，民營醫院數量由 5403 所增長到 9786 所，增加了 4383 所，增長率達到 81.1%，占醫院總量比例從 27.4%增加到 42.2%。同期公立醫院數量由 14309 所減少到 13384 所，減少了 925 所，占醫院總量比例從 72.6%減少到 57.8%。二〇一三年九月出臺的《國務院關於促進健康服務業發展的若

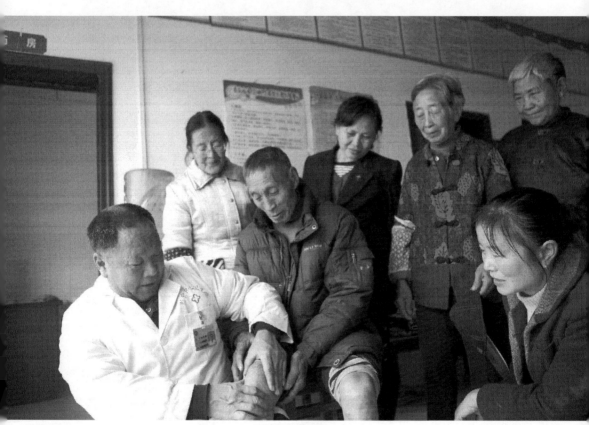

▲ 村民小病不出村就能享受到基本公共衛生服務。

干意見》要求大力發展醫療服務，加快形成多元辦醫格局。為落實中共十八屆三中全會關於鼓勵社會辦醫的要求，國家衛生計生委、國家中醫藥管理局在二〇一四年初印發了《關於加快發展社會辦醫的若干意見》，針對加快發展社會辦醫面臨的突出問題和困難提出若干具體政策。預計到二〇一五年，非公立醫療機構床位數和服務量要達到總量的 20% 左右。

六是在重大疾病防控方面，嚴重威脅居民健康的重點傳染病、地方病得到有效控制，衛生應急能力全面提高。二〇一〇年底，中國存活艾滋病病毒感染者和病人約為七十六萬人，遠低於將艾滋病病毒感染人數控制在一百五十萬以內的目標；全國結核患病率降至 66/10 萬，提前實現了聯合國千年發展目標確定的結核病控制指標；血吸蟲病病人約 32.6 萬，較二〇〇四年減少了 61.3%，全國所有血吸蟲病流行縣實現疫情控制目標。二〇〇四年，啟用傳染病網絡直報系統，二〇〇七年起，國家免疫規劃疫苗種類由六種擴大到十四種，預防的疾病由七種增至十五種，人群也從兒童擴展到成人，有效降低了傳染病發病率。國家層面上已實現消除碘缺乏病目標，大骨節病、克山病和氟中毒等病情得到有效控制，發病患者顯著減少。建立了國家、省、地市、縣四級應急管理體制，形成了多部門突發公共衛生事件應對協調機制，健全了衛生應急預案體系。組建了傳染病控制、醫療救援、中毒處置、核放射處置類二十七支國家級衛生應急隊伍。有效處置了傳染性非典型肺炎、甲型 H1N1 流感、鼠疫、人禽流感等突發公共衛生事件，及時開展了四川汶川特大地震、青海玉樹地震、甘肅舟曲特大山洪泥石流災害的緊急醫學救援，保護了居民的生命和健康。

七是在其他衛生工作方面，群眾廣泛參與的愛國衛生運動更加深入，到二〇一二年，已創建一百五十三個「國家衛生城市」、三十二個「國家

圖 5-2-2　中國衛生總費用及其占GDP比重

單位：億元　　■ 衛生總費用　　● 衛生總費用相對於國內生產總值　　單位：%

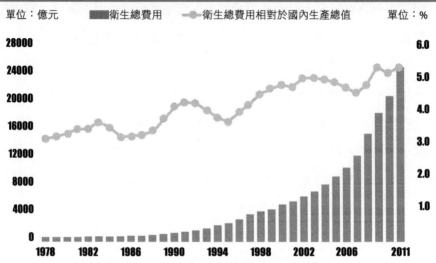

▲ 資料來源：國務院新聞辦公室《中國的醫療衛生事業》（白皮書），2012 年 12 月。

圖 5-2-3　中國衛生總費用籌資構成

	個人現金衛生支出	社會衛生支出	政府衛生支出　單位：%
2001	58.98	25.55	15.47
2002	59.97	24.10	15.93
2003	57.72	26.59	15.69
2004	55.87	27.16	16.96
2005	53.64	29.32	17.04
2006	52.21	29.87	17.97
2007	49.31	32.62	18.07
2008	44.05	33.64	22.31
2009	40.42	34.85	24.73
2010	37.46	35.08	27.46
2011	35.29	36.02	28.69
2012	34.77	34.57	30.66

▲ 資料來源：國務院新聞辦公室《中國的醫療衛生事業》（白皮書），2012 年 12 月。

衛生區」和四五六個「國家衛生鎮（縣城）」，農村自來水普及率和衛生廁所普及率分別達到 72.1% 和 69.2%，為降低傳染病危害、提高居民健康水平發揮了重要作用；食品藥品監管能力得到增強，在制定標準和安全規劃、風險監測、打擊違法行為、推進電子監管制度建設、建立健全產品質量追溯和安全應急管理體系等諸多方面做出了艱苦的努力；落實扶持和促進中醫藥事業發展的政策措施，充分發揮中醫藥在公共衛生、基本醫療以及重大、疑難疾病防治方面的作用；科技和人才隊伍建設進一步加強；衛生國際合作不斷深化。

「十二五」時期深化衛生體制改革的基本舉措

二〇〇九年以來的改革實踐證明，中國的「新醫改」方向正確、路徑清晰、措施有力，尤其是在基層取得明顯成效，人民群眾看病就醫的公平性、可及性、便利性得到改善，看病難、看病貴問題有所緩解，醫藥衛生體制改革促進經濟社會發展的作用越來越重要。

但是中國正在進行的醫藥衛生體制改革和衛生事業的發展，與人民群眾的期望還存在不小差距：（一）公立醫院改革進展緩慢，符合公立性質和職能要求的運行機制和績效考核評價機制還沒有建立起來，醫院的人員工資和運行經費仍主要依靠服務收費解決，醫患之間仍存在利益沖突；（二）醫療資源配置仍不夠合理，優質資源仍集中在大城市和大醫院，基層醫療機構高素質人才少、服務能力差的狀況還沒有明顯改變；（三）合理的分診制度還沒有建立，群眾患常見病、多發病仍湧入大醫院就診，看病難的問題仍很突出；（四）破除「以藥補醫」的補償機制沒有建立起來，醫院主要依靠增加醫療服務收費彌補減少的收入，創收機制還沒有真

正改變；（五）藥品生產和購銷秩序仍比較混亂，藥價虛高、商業賄賂和藥品回扣等問題仍比較突出；（六）社會辦醫仍存在不少障礙，多渠道辦醫的格局尚未形成。

針對目前醫療衛生領域存在的突出矛盾和問題，二〇一二年三月，國務院印發了《「十二五」期間深化醫藥衛生體制改革規劃暨實施方案》，要求堅持把基本醫療衛生制度作為公共產品向全民提供的核心理念，堅持保基本、強基層、建機制的基本原則，堅持預防為主、以農村為重點、中西醫並重的方針，以維護和增進全體人民健康為宗旨，以基本醫療衛生制度建設為核心，統籌安排、突出重點、循序推進，進一步深化醫療保障、醫療服務、公共衛生、藥品供應以及監管體制等領域綜合改革，著力在全民基本醫保建設、基本藥物制度鞏固完善和公立醫院改革方面取得重點突破，增強全民基本醫保的基礎性作用，強化醫療服務的公益性，優化衛生資源配置，重構藥品生產流通秩序，提高醫藥衛生體制的運行效率，加快形成人民群眾「病有所醫」的制度保障，不斷提高全體人民健康水平，使人民群眾共享改革發展的成果。其中在投入保障方面，《方案》提出到二〇一五年，衛生總費用增長得到合理控制，政府衛生投入增長幅度高於經常性財政支出增長幅度，政府衛生投入占經常性財政支出的比重逐步提高，群眾負擔明顯減輕，個人衛生支出占衛生總費用的比例降低到 30% 以下，看病難、看病貴問題得到有效緩解。

二〇一三年的中共十八屆三中全會進一步從推進醫療保障、醫療服務、公共衛生、藥品供應、監管體制綜合改革幾個方面，對下一步深化醫藥衛生體制改革作出了統籌安排。按照《中共中央關於全面深化改革若干重大問題的決定》的精神，下一步的改革重點之一是推動全民醫保從形成

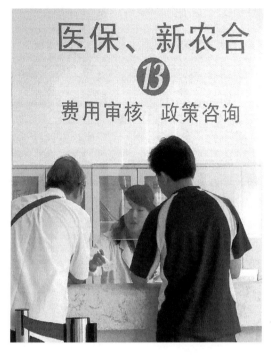

▶ 中國醫藥衛生體制已取得階段性成效，改革仍在深入進行。

框架向制度建設轉變。為此要繼續鞏固擴大基本醫保覆蓋面，參保率穩定在 95%以上，到二〇一五年政府對城鎮居民醫保和新農合人均補助標準提高到三百六十元以上，政策範圍內住院費用支付比例達到 75%左右；改革支付方式，推進即時結算，建立異地就醫結算機制，方便群眾就醫；加快推進建立城鄉居民大病保險制度，建立起城鄉居民重特大疾病的保障機制；完善醫保管理體制，整合醫保管理職責，推進運行機制改革，提高運行效率和服務水平；大力發展商業健康保險，滿足人民群眾多樣化、多層次的健康需求。另一個改革的重點是要要鞏固基層醫改成果，推動基層醫療衛生機構運行新機制逐步完善定型。再一個改革的重點就是要推動公立醫院改革由試點探索向全面推進的轉變，做好破除以藥補醫、創新體制

機制、調動醫務人員積極性這三篇文章。其中的關鍵之處就是《決定》指出的「落實政府責任」，同時也要逐步取消藥品加成政策，改革規範藥品、耗材的招標採購機制，深化人事制度、分配制度改革，建立競爭性的用人機制以及體現公益性和高效率的新的績效考核和分配制度，推動醫院內部管理的科學化、規範化和精細化。《決定》重申鼓勵社會辦醫，優先支持舉辦非營利性醫療機構。對中國來說，推進社會辦學、辦醫之類的社會公益事業，關鍵要看能否將相關政策落到實處。

中國的人口素質與人力資源開發

　　教育和健康是開發人力資源（投資人力資本）的主要途徑，其水平直接決定一國的人口素質。表面上看，教育體現為居民的智力水平，健康體現為居民的身體素質。實際上，教育和健康互為前提，可以互相轉化，受

▲ 中國小學生們春季長跑迎接春天。

教育水平較高的人群往往對醫療衛生擁有更高、更多的需求，平時就重視預防疾病，注意膳食營養、生活方式和生活環境。二〇一二年，世界衛生組織前任總幹事鐘道恆博士精辟地指出：「多數人並不是死於疾病，而是死於無知。」同樣道理，健康是一切成功的基礎和本錢，正像比爾・蓋茨所說：「與健康相比，財富和高技術只能名列其後。」健康的身體通常也是不受限制地接受教育的本錢。

人口文盲率和人均受教育年限的變化

　　人口文盲率和人均受教育年限是衡量一國教育水平的重要指標。新中國歷來就高度重視掃除文盲工作。早在一九四五年抗日戰爭勝利之前，毛澤東就在《論聯合政府》一文裡提出：「從百分之八十的人口中掃除文盲，是新中國的一項重要工作。」沒有等到戰爭結束，解放區的掃盲工作就已經開始了。那個時期，全國人口中 80%是文盲，農村的文盲率更高達九成以上，有的地方甚至十里八村也找不出一個識文斷字的人來。要把中國從一個落後的農業國家改造成一個現代化的工業國家，提高勞動者的科學文化素質是一個根本前提。

　　新中國成立後，中國共產黨和人民政府採取了各種措施，在廣大工人、農民群眾中有組織地開展識字運動，同時在全國範圍內創造條件，積累經驗，積極地、有計劃有步驟地掃除文盲，使廣大勞動人民擺脫文盲狀態，文化水平迅速提高。到新中國成立五十周年前夕，共掃除文盲二億以上，成人文盲率降到了 15%以下，青壯年文盲降低到 5%以下。聯合國開發計劃署曾經給出這樣的結論：「長期以來，中國傾力投資於人文發展。因此，盡管人均收入低，它卻位於中等人文發展指數的國家類別。中國在

人文發展指數與人均 GNP 之間的名次差距最大，相差四十九位，表明它非常明智地使用了自己的國民收入。」[3]不過中國是一個人口大國，地域遼闊，發展起點很低，城鄉發展、地區發展不平衡，直到一九八二年第三次人口普查時，二十九個省、市、自治區的文盲和半文盲人口（12 周歲以上不識字和識字很少的人）仍有近 2.36 億人，二十五歲及以上人口人均受教育年限為 4.3 年，比當時世界平均水平 4.9 年（1980 年）低 0.6 年。

中國在改革開放初期恢復了高考制度，頒布了《義務教育法》和《掃除文盲工作條例》，確定了二十世紀九十年代「基本掃除青壯年文盲，基本普及九年義務教育」（80 年代基本實現普及小學教育，有條件的地區普及初中教育）的戰略目標，教育領域經過撥亂反正得到長足的恢復和發展。如表 5-3-1、表 5-3-2、表 5-3-3 所示，一九八〇至二〇〇〇年，中國十五歲及以上人口文盲率的下降幅度三倍於世界平均水平，略高於發展中國家，低於南亞和中東、北非國家；中國十五歲及以上人口平均受教育年限的增長幅度高於世界平均水平，與發展中國家平均水平基本同步；中國受高等教育人口比重增長迅猛，增幅數倍於其他國家和世界平均水平。橫向對比看，二〇〇〇年，中國的十五歲及以上人口文盲率遠不及轉型國家和發達國家，但已經僅是世界平均水平的 27.7%、發展中國家平均水平的19.5%；中國的十五歲及以上人口平均受教育年限僅次於轉型國家和發達國家，大步超過世界平均水平；但中國的受高等教育人口比例還很低，只是發展中國家平均水平的 55.4%和世界平均水平的 28.6%，與南亞國家的

---

3 UNDP, Human Development Report 1994, New York: Oxford University Press，1994，pp.105-100.

▲ 中國加大農民教育培訓力度。

水平相差不多。

　　進入二十一世紀特別是中共十六大以來，中國在教育領域加大了政府投入，減輕了居民負擔，並在推進教育公平方面付出了極大的努力。二〇一〇年第六次全國人口普查資料顯示，中國國民整體受教育水平顯著提高。青壯年（15-50 歲）文盲人口已從二〇〇〇年的二〇五五萬人減少到八五二萬人，減少了一二〇三萬人；青壯年文盲率從二〇〇〇年的 2.80%降至 1.08%，下降了 1.72 個百分點。十五歲及以上人口文盲率為 4.1%，比二〇〇〇年下降三成以上；十五歲及以上人口的平均受教育年限已達9.05 年，比二〇〇〇年的 7.79 年提高了 1.26 年，表明人口平均受教育水平已經邁入高中程度。二十五歲及以上人口人均受教育年限一九九〇年為

表 5-3-1　中國與各地區 15 歲及以上人口文盲率的變化
單位：%；百分點

	1960年	1970年	1980年	1990年	1995年	2000年	變化幅度（1980-2000）
世界（109個）	36.4	31.4	29.5	26.4	26.1	24.2	-5.3
發展中國家（73個）	64.1	56.1	49.7	41.7	38.3	34.4	-15.3
發達國家（23個）	6.1	5.1	4.8	4.5	3.8	3.7	-1.1
轉型國家（13個）	4.5	3.1	2.8	1.7	2.1	2.2	-0.6
東亞、太平洋（10個）	52.5	35.4	22.6	26.4	22.5	19.8	-2.8
中國	—	—	22.8*	15.9	12.0	6.7	-16.1
南亞（7個）	74.3	69.3	66.9	55.2	51.2	45.2	-21.7
中東、北非（11個）	81.0	69.8	55.5	42.8	36.0	32.0	-23.5
撒哈拉非洲（22個）	68.9	63.8	56.8	45.9	44.5	42.8	-14.0
拉丁美洲（23個）	37.9	31.2	23.8	17.2	15.8	14.6	-9.2

注：*為1982年數據。
資料來源：
1. Barro, R. J. and J. W. Lee (2000), International Data on Educational Attainment: Updates and Implications, CID Working Paper No.42，April, p.29.
2. 中國國家統計局網站。

表 5-3-2　中國與各地區 15 歲及以上人口平均受教育年限的變化
單位：%

	1960年	1970年	1980年	1990年	1995年	2000年	變化幅度（1980-2000）
世界（109個）	4.64	5.16	5.92	6.43	6.44	6.66	1.13
發展中國家（73個）	2.05	2.67	3.57	4.42	4.79	5.13	1.44
發達國家（23個）	7.06	7.56	8.86	9.19	9.52	9.76	1.10
轉型國家（13個）	7.42	8.47	8.90	9.97	9.45	9.68	1.09
東亞、太平洋（10個）	2.83	3.80	5.10	5.84	6.35	6.71	1.32
中國*			5.33**	6.40	—	7.79	1.46
南亞（7個）	1.51	2.05	2.97	3.85	4.16	4.57	1.54
中東、北非（11個）	1.23	2.07	3.29	4.38	4.98	5.44	1.65
撒哈拉非洲（22個）	1.74	2.07	2.39	3.14	3.39	3.52	1.47
拉丁美洲（23個）	3.30	3.83	4.43	5.32	5.74	6.06	1.37

注：*為國家教育發展研究中心《中國人口文化素質分析報告》數據，2003 年 12 月；**為 1982 年數據。
資料來源：Barro, R. J. and J. W. Lee (2000), International Data on Educational Attainment: Updates and Implications, CID Working Paper No.42，April, p.29.

表 5-3-3　中國與各地區受高等教育人口比例
單位：％；百分點

	1960年	1970年	1980年	1990年	1995年	2000年	變化幅度（1980-2000）
世界（109個）	3.3	5.0	7.5	10.3	11.3	12.6	1.7
發展中國家（73個）	0.8	1.7	3.1	4.6	5.7	6.5	2.1
發達國家（23個）	6.7	9.9	15.8	22.4	24.8	27.1	1.7
轉型國家（13個）	3.8	6.3	7.7	11.2	11.4	13.9	1.8
東亞、太平洋（10個）	1.6	2.7	5.0	7.4	10.0	11.7	2.3
中國	—	—	0.6*	1.4	2.0	3.6	6.0
南亞（7個）	0.4	1.2	2.1	2.9	3.3	3.7	1.8
中東、北非（11個）	0.9	1.7	3.6	5.6	7.2	8.8	2.4
撒哈拉非洲（22個）	0.2	0.8	0.6	1.3	2.1	2.2	3.7
拉丁美洲（23個）	1.8	2.5	5.2	8.2	9.5	10.9	2.1

注：*為1982年數據。
資料來源：
1. Barro, R. J. and J. W. Lee (2000), International Data on Educational Attainment: Updates and Implications, CID Working Paper No.42，April, p.29.
2. 中國國家統計局網站。

▲ 清華大學本科生慶祝畢業。

5.8 年，與當時世界平均水平基本持平；二〇〇〇年為 7.4 年，比當時世界平均水平 6.8 年高 0.6 年；二〇一〇年為 8.6 年，大大超過當前世界 7.4 年的平均水平。新增勞動力平均受教育年限由二〇〇五年的 10.9 年提高到 12.7 年，短短五年就增加了接近兩年。在人口受教育結構方面，出現了小學受教育人口不斷減少、中等教育保持穩定、大專及以上受教育程度人口快速增長的重心上移趨勢。與發達國家相比，二〇一〇年，美國二十五歲及以上人口的人均受教育年限為 12.4 年（相當於大學一年級水平），日本為 11.6 年（相當於高中三年級水平），分別比中國高出近 3.4 年和 2.6 年，中國的大專及以上受教育程度人口所占比重依然偏低。二〇〇九年經合組織國家二十五至六十四歲人口中接受高等教育人口所占比重為

30.0%，相當於中國二〇一〇年水平的三倍多（9.7%）。分年齡段看，中國五十五至六十四歲人口中接受過高等教育的人口為 3.6%，這些人接受高等教育的時間大約是上世紀七〇年代末和八〇年代初，而二十五至三十四歲人口已達到 17.9%，約為五十五至六十四歲人口的五倍，這些人接受高等教育的時間基本上是在近十年，說明中國進入二十一世紀以來高等教育的發展明顯加快。

人口平均預期壽命及其相關指標的變化

人口平均預期壽命是衡量人口健康水平的綜合指標，其他輔助性指標還有嬰兒死亡率和孕產婦死亡率等。

根據世界銀行的估計，從一九六〇年到一九八〇年，中國居民的平均預期壽命提高了二十七歲，而同期低收入國家提高約為十五歲，中等收入國家為九歲，工業化國家為四歲。一九六〇年是新中國迄今經歷的最困難的一年，這一年的人均期望壽命不具代表性。但新中國成立後很長一段時間，人口平均預期壽命的增長速度一直在世界處於領先地位，這是不爭的事實。世界銀行經濟考察團一九八〇年對中國進行考察後發表的報告稱，一九五〇至一九八〇年間，在人均預期壽命方面中國的進步遠遠大於其他發展中國家（預期壽命增加 28 歲，低收入國家只增加 15 歲），並且，中國人的預期壽命還遠遠超過中等收入國家的平均數，要比相同收入水平的國家高出十六歲。同期，中國嬰兒死亡率和孕產婦死亡率也大幅下降，如表 5-3-4 所示，一九八〇年中國五歲以下兒童死亡率為 37.6，是同期世界平均水平的 47%，是中國一九五〇年水平的 27.2%。專家們一致認為，這一成就的取得，很大程度上歸功於中國當時所擁有的獨一無二的**醫療保障**

表 5-3-4　嬰兒死亡率和平均預期壽命的國際比較

年份	0-4歲嬰兒死亡率（‰）						出生時的平均預期壽命（歲）					
	世界	中國	美國	印度	尼日利亞	新加坡	世界	中國	美國	印度	日本	尼日利亞
1950	—	138.4	—	—	—	—	—	48.0	—	—	—	—
1970	—	51.5	20.1	137.0	139.0	20.5	—	64.1	—	—	—	—
1980	80.0	37.6	12.6	129.1	124.1	11.7	62.7	67.9	73.7	54.3	76.0	45.9
1990	63.9	32.9	9.4	80.0	120.0	6.7	65.2	68.6	75.2	59.1	78.8	46.4
2000	57.6	28.4	6.9	68.0	107.0	2.9	66.6	71.4	77.0	62.9	81.1	43.8
2006	49.5	20.1	6.5	57.4	98.6	2.3	68.2	72.0	77.8	64.5	82.3	46.8

注：中國 1950、1970 年的數據分別為 1950-1954 年、1970-1974 年的統計；1980 年的數據為 1981 年的統計。

數據來源：黃樂清、劉琰編《中國人口死亡數據集》；中國人口出版社 1995 年版；《國際統計年鑑》（電子版）1996、1998、2008 年；全國五次人口普查數據和《2005 年全國 1%人口抽樣調查數據》（電子版）。

▲ 中國老齡化加快：15%國民為六十歲以上老人。

體系。世界銀行經濟考察團的報告指出：「中國農村實行的合作醫療制度，是發展中國家群體解決衛生保障的唯一範例。」報告還說：「初級衛生工作的提出主要來自中國的啟發。中國在占 80%人口的農村地區，發展了一個成功的基層衛生保健系統，向人民提供低費用和適宜的醫療保健技術服務，滿足大多數人的基本衛生需求，這種模式很適合發展中國家的需要。」中國的經驗當時得到國際組織的一致認可，世界衛生組織和聯合國婦女兒童基金會多次向發展中國家推薦「中國模式」。當然，新中國在醫療衛生方面的成功並不是人民健康狀況快速改善的唯一原因，教育水平提升、食品供應充足及平均分配、供水和衛生設施的改善都對此作出了貢獻，但是以預防為主的低成本、廣覆蓋的醫療保障體系居功至偉。

但這一趨勢在改革初期並沒有得到延續。二十世紀八〇年代至九〇年代，由於原有的醫療保障體系坍塌甚至瓦解，特別是農村居民的醫療保障經歷了一段空白期，因而嬰兒死亡率特別是人口平均預期壽命的變化明顯放緩。一九五七年中國人均預期壽命有明確記載為五十七歲，到一九八一年增長到六十七點九歲，二十四年間年均增長 0.45 歲多。改革開放以來的人均預期壽命，一九九〇年為 68.6 歲，與一九八一年相比增長了 0.7 歲，年均增長不到 0.08 歲；二〇〇〇年為 71.4 歲，比一九九〇年增長 0.28 歲，年均增長不到 0.03 歲。由於公共衛生資源分配不公平、分布不均衡，二〇〇〇年，有近一億人口沒有獲得醫療服務，三千多萬貧困人口得不到及時的醫療救助，有近 20％的農村縣未達到「二〇〇〇年人人享有初級衛生保健」規劃目標的合格或基本合格標準；有一億多人喝不上潔淨水，四億多農村人口尚未飲用自來水，農村地區糞便無害化處理率僅為 28.5％；降低孕產婦死亡率和婦女發病率的目標沒有實現：西南、西北九省孕產婦平均死亡率高達 177.96/10 萬，為全國平均水平 56.2/10 萬的 2.8

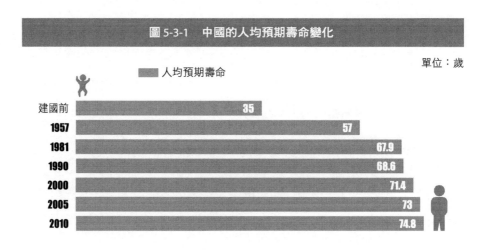

圖 5-3-1　中國的人均預期壽命變化

單位：歲

人均預期壽命

建國前	35
1957	57
1981	67.9
1990	68.6
2000	71.4
2005	73
2010	74.8

倍，遠遠高於 47.4/10 萬的目標，這些地區的孕產婦死亡率情況與非洲國家相當；全國有近 8% 的嬰幼兒沒有享受免疫接種，其中貧困農村地區的比例更高達 13%，消除新生兒破傷風至一以下的目標未能實現；預防保健工作薄弱，中西部相當省份疾病發病率仍然較高，人口預期壽命相對較低；各級衛生事業費和衛生總費用均低於規劃目標及 WHO 最低限標準，對醫療衛生事業的補助存在「越位」與「缺位」並存的現象。實際上，市場化改革以來，中國無論是醫療衛生體制的改革還是教育體制的改革都經歷過程度不同的不斷試錯的過程，前者比後者走的彎路更多一些。

進入二十一世紀特別是中共十六大以來，中國大力發展民生事業，對醫療衛生領域的投入明顯加大，醫藥衛生體制改革也逐步走上正軌，隨之居民的健康水平也就有了恢復性提高。孕產婦死亡率從二〇〇二年的51.3/10 萬下降到二〇一一年的 26.1/10 萬，同期嬰兒死亡率從 29.2 下降到 12.1，五歲以下兒童死亡率從 34.9 下降到 15.6。二〇一〇年人均期望

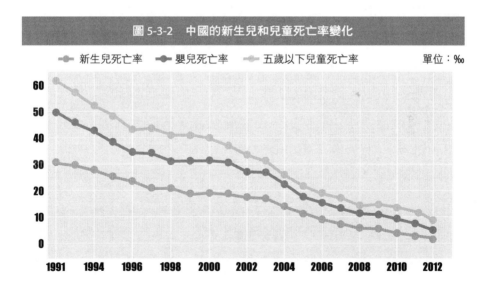

圖 5-3-2　中國的新生兒和兒童死亡率變化

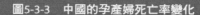

圖5-3-3　中國的孕產婦死亡率變化

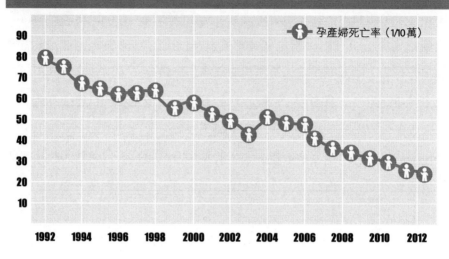

壽命達到 74.8 歲，比二〇〇〇年的 71.4 歲提高了 3.4 歲，增速明顯快於前二十年。總體上看，中國居民的健康水平已處於發展中國家前列，但與發達國家相比還存在一定的差距。根據聯合國兒童基金會數據，二〇〇七年五歲以下兒童死亡率在一九三個國家按降序排列，中國排在一〇七位，居世界中等水平，泰國（156 位）、越南（126 位）位次均好於中國。與「金磚國家」相比，孕產婦死亡率二〇〇八年中國明顯低於巴西、印度和南非，與俄羅斯基本相同，但仍然僅相當於美國一九六五年的水平（31.6/10 萬）。根據世界衛生組織數據，中國孕產婦死亡率在全球按降序排列從一九九〇年的九十七位上升到二〇〇五年的一〇九位，整體上居世界中等水平。二〇一〇年世界人口的平均預期壽命為 69.6 歲，其中高收入國家及地區為 79.8 歲，中等收入國家及地區為 69.1 歲，中國比中等收入國家高出近六歲，比高收入國家低五歲。

▲ 家庭藥箱進萬家社區宣教活動在北京舉行。

▲ 重慶永川，糖尿病防治進校園。

營養與健康

關係到人民身體健康的因素比較復雜，除了基本的醫療衛生保障以外，先天的遺傳和日常的營養可能是更為重要的兩個因素。世界衛生組織近年對影響人類健康的眾多因素進行了評估，結果表明遺傳因素居首位為15%，膳食營養因素居其次為 13%，遠高於醫療因素（僅 8%）的作用。遺傳因素是一種生物學因素，短期難以改變。與之類似的還有環境因素，

▲ 北京舉行營養知識宣傳週提倡膳食平衡。

人們對環境污染、生態退化的克服絕非一日之功。但生活方式是可變的，這當中就包括膳食營養、食品安全、運動和健康意識、心理等等。著名的維多利亞宣言提出健康生活方式的四大基石，即「合理膳食、適當運動、戒煙限酒、心理平衡」，居於首位的就是合理膳食。

合理膳食是根據各類營養的功用，合理地掌握膳食中各種食物的質和量及比例搭配，並符合衛生要求，使人體的營養生理需要與人體膳食攝入的各種營養物質之間建立平衡關係。膳食不合理，就會導致營養不足或營養過剩，進而引發一系列疾病。中國改革以前食品短缺，尤其是副食品供應匱乏，人們的飲食結構屬於高碳水化合物、低蛋白、低脂肪、低維生素的「一高三低型」，因營養不良導致的疾病比較普遍。改革極大地促進了生產力的發展，居民生活發生了翻天覆地的變化，城鄉居民的食物消費品種亦日趨多樣化，居民膳食中穀類攝入下降，動物性食物的攝入明顯增加，有明顯的「西方化」或「富裕型」的膳食模式傾向，即高能量、高脂肪、高蛋白，而膳食纖維過低。相應地，除了貧困地區的居民依然存在營養不良的現象以外，在多數地區尤其是城市，居民開始越來越多地受到因營養過剩導致的疾病的困擾，如肥胖症、糖尿病、高血壓、心血管疾病以及癌症等非傳染性慢性病。

膳食結構轉換是經濟發展的必然結果，是社會進步的產物。但中國的問題是居民膳食結構轉換過快，人體的適應能力跟不上，因而非傳染性慢性病的患病率和致死率要高於西方發達國家。中國現有慢性病患者 2.6 億人，慢性病導致的死亡人數已經占到總死亡人數的 85%，疾病負擔已占總疾病負擔的 70%。膳食結構對人均預期壽命的影響是深遠的。

當然市場化的推進也引發了許許多多生活方式上的變化，如人們的生

活節奏加快，工作壓力加大，青少年的身高和體重增加了，但運動減少了。中國在競技體育方面成績優異，但群眾體育的發展水平還較低，特別是在城鄉之間差距明顯。為此，政府頒布了《全民健身條例》，出臺了《全民健身計劃》，促進全民健身與競技體育協調發展，倡導健康文明的生活方式，對在校生的體育鍛煉也提出了更加嚴格的要求。

▲ 在中國，越來越多的人自覺選擇健康文明的生活方式。

與此同時，慢性病防治工作逐步加強。二〇〇二年以來，防控逐步由重治療向防治結合轉變，形成了由疾控機構、基層醫療衛生機構、醫院和專業防治機構共同構築的防控工作網絡。啟動了國家級慢性病綜合防控示範區建設，持續開展億萬農民健康促進行動、相約健康社區行、健康素養促進行動、中國健康傳播激勵計劃等，建立起多部門合作、全社會參與的城鄉居民健康教育體系。

　　營養干預也是政府可以大有作為的一個重要領域。日本正是因為吸收了東西方膳食的優點，植物與動物蛋白搭配比較合理，加之政府對膳食營養比例、食品構成、消費比重實施了有效的指導和干預，其人均預期壽命才延長到了世界的前列。中國政府繼一九九三年二月的《九十年代中國食物結構改革與發展綱要》、二〇〇一年十一月的《中國食物與營養發展綱要（2001-2010 年）》之後，新近於二〇一四年二月頒布的《中國食物與營養發展綱要（2014-2020 年）》向全世界展示了二〇二〇年中國人民進入小康生活的食物消費、營養改善和膳食構成的新水平，同時標志著中國居民的食物消費觀念、營養衛生知識和生活方式將發生重大變化。中國政府自二〇一一年秋季學期起在集中連片特困地區啟動實施的農村義務教育學生營養改善計劃也令人印象深刻。根據教育部通報，截至二〇一三年十月底，全國二十二個試點省份的六九九個國家試點縣（包括新疆生產建設兵團 19 個團場）近十萬所學校全部開餐，受益學生達 2240 萬人；此外，有十九個省份的 529 個縣還開展了地方試點工作，覆蓋學校四萬所，受益學生一千萬人。全國有超過三分之一的縣實施了學生營養改善計劃，超過四分之一的農村義務教育學生享受營養補助政策。健康教育和營養干預，包括長期推行的計劃生育政策（特別是在婦幼保健和優生優育方面），增

強了人們的健康意識，矯正著人們的生活方式，對提高中國人力資源水平發揮著不可估量的作用。

未來面向教育和健康的人力資源開發目標

中國是規模最大的發展中國家，教育和醫療衛生事業的發展極大地提高了十三億中國人的文化和身體素質，為經濟發展、社會進步和民生改善作出了不可替代的重大貢獻。但是中國實現從人口大國向人力資源大國的轉變還任重道遠，居民的文化素質還遠遠不能適應科技創新的需求，居民的健康水平極不平衡，教育和醫療衛生事業的發展與全面建成小康社會的要求還存在一定的差距，與趕上發達經濟體的先進水平的目標還有相當的距離。

有鑑於此，中國政府適時提出了「十二五」時期和到二〇二〇年分階段的人力資源開發目標。「十二五」時期，教育方面要全面提高教育服務現代化建設和人的全面發展的能力，為到二〇二〇年基本實現教育現代化，基本形成學習型社會，進入人力資源強國行列奠定堅實基礎。衛生方面要初步建立覆蓋城鄉居民的基本醫療衛生制度，使全體居民人人享有基本醫療保障，人人享有基本公共衛生服務，醫療衛生服務可及性、服務質量、服務效率和群眾滿意度顯著提高，個人就醫費用負擔明顯減輕，地區間衛生資源配置和人群間健康狀況差異不斷縮小，基本實現全體人民病有所醫，人均預期壽命在二〇一〇年基礎上提高一歲。具體指標如表 5-3-5 所示。

表 5-3-5　人力資源開發主要目標

指標	單位	2009年	2015年	2020年
具有高等教育文化程度的人數	萬人	9830	14500	19500
主要勞動年齡人口平均受教育年限	年	9.5	10.5	11.2
其中：受過高等教育的比例	%	9.9	15.0	20.0
新增勞動力平均受教育年限	年	12.4	13.3	13.5
其中：受過高中階段及以上教育的比例	%	67.0	87.0	90.0
人均預期壽命	歲	73.5-74.8 (1)	74.5-75.8 (2)	77-80 (3)
嬰兒死亡率	‰	13.8	≦12	≦10
5 歲以下兒童死亡率	‰	17.2	≦14	≦13
孕產婦死亡率	1/10萬	31.9	≦22	≦20

注：
為 2010 年數，官方的説法有 73.5 歲和 74.8 歲兩種，後者出自第六次人口普查；
「十二五」規劃提出的目標是在 2010 年基礎上提高 1 歲；
77 歲出自《健康中國 2020 戰略研究報告》（2012 年 8 月），80 歲出自學者估算，如胡鞍鋼《2030 中國：邁向共同富裕》，中國人民大學出版社 2011 年版。其餘數據出自《國家中長期教育改革和發展規劃綱要（2010-2020 年）》，2010 年 7 月 29 日；《衛生部貫徹 2011-2020 年中國婦女兒童發展綱要實施方案》，2012 年 2 月 17 日。

結語

在這樣一部篇幅不大的書裡把中國社會的方方面面介紹清楚是不現實的,筆者只是擇其要而言之。本書沒有詳細敘述的某些領域,如中國民眾生活上的變化在經濟卷裡已有反映;讀者可以結合整套叢書的內容來了解、判斷中國的社會巨變和發展進步。

中國社會已經發生並且正在發生、還將發生巨大的變化。國際上通常把冷戰後的原蘇聯、東歐國家稱作轉型國家,因為在這些國家不但發生了社會性質上的變化,而且正在由計劃經濟體制過渡為市場經濟體制。其實,與這些國家相比,中國是一個更為典型的轉型國家,因為在這片遼闊的土地上、在這個人口約占全球五分之一的發展中大國,正在發生著內涵更為豐富、影響更為深遠的「轉型」:由計劃經濟體制轉向市場經濟體制,由農業大國轉向工業大國,由「世界工廠」轉向製造業強國,由粗放的外延式擴張轉向資源節約型、環境友好型的綠色發展,以及城鎮化、現代化、全球化、信息化,這一切的一切都在給這個巨大的經濟體帶來日新月異的急速的變化。中國日日夜夜都在取得新的成就,也時時刻刻都在產生新的問題。

在本書裡,筆者採用了大量的數據,力圖盡可能通過圖表的形式直觀

地、簡潔地把這些變化介紹給讀者，並注意進行國際對比，縱向對比讓人看到進步，橫向對比讓人看到差距。而且，從這種對比中我們可以更加清晰地認識到，中國現存的問題絕大多數都是急速的社會轉型帶來的問題，或者是發展不足，或者是發展不平衡。

聯合國開發計劃署一九九〇年提出人類發展指數概念（HDI），旨在強調人類發展是發展的終極目標。經過調整之後，目前 HDI 包括出生時預期壽命、平均受教育年限、預期受教育年限及人均國民收入四個成分指標。該組織發表的二〇一三年人類發展報告顯示，二〇一二年中國 HDI 為 0.699，在一九八〇年的 0.407 的基礎上取得了顯著進步，年平均增長率為 1.7%。持續高於東亞和太平洋地區國家平均值 0.683 以及金磚四國平均值 0.655，在聯合國統計的一八七個國家（地區）中排在第一〇一位。具體說來，在人類發展指數的各指標中，與一九八〇年相比，中國人口的出生時預期壽命增加 6.7 年，平均受教育年限增加 3.8 年，預期受教育年限增加 3.3 年，人均國民收入的增幅則高達 1416%。不過，中國的人類發展指數排名比人均國民收入排名低十一個位次，顯示了中國發展中的巨大不平衡。當用健康、教育和收入方面存在的內部不平等對人類發展指數進行調整後，中國的指數為 0.543，損失率為 22.4%（但仍位於 101 位）。其中，教育及收入指數的損失率分別達 23.2% 和 29.5%，顯示了中國發展中的嚴重不平等。

一個不平衡，一個不平等，城鄉的、區域的、不同領域的、不同階層的，這些都是中國未來發展中必須面對的挑戰和難題，也正是中國能否跨越「中等收入陷阱」、順利實現全方位轉型的關鍵所在。致力社會公平正義，讓發展成果更多更公平惠及全體人民，正是中共十八屆三中全會作出

的深化改革的決定規劃的重點。毫無疑問，作為擁有十三億多人口的發展中的大國，中國要實現已確定的奮鬥目標，必須要付出持續的、艱辛的努力。很顯然，這樣的改革和發展不僅造福中國人民，同樣也造福各國人民。

新社會主義研究叢刊 AA201006

當代中國社會

作 者	李 文
責任編輯	陳胤慧
版權策畫	李煥芹

發 行 人	陳滿銘
總 經 理	梁錦興
總 編 輯	陳滿銘
副總編輯	張晏瑞
編 輯 所	萬卷樓圖書股份有限公司
排 版	菩薩蠻數位文化有限公司
印 刷	維中科技有限公司
封面設計	菩薩蠻數位文化有限公司

出 版 昌明文化有限公司

桃園市龜山區中原街 32 號

電話 (02)23216565

發 行 萬卷樓圖書股份有限公司

臺北市羅斯福路二段 41 號 6 樓之 3

電話 (02)23216565

傳真 (02)23218698

電郵 SERVICE@WANJUAN.COM.TW

大陸經銷 廈門外圖臺灣書店有限公司

電郵 JKB188@188.COM

ISBN 978-986-496-429-1

2019 年 3 月初版

定價：新臺幣 360 元

如何購買本書：

1. 轉帳購書，請透過以下帳戶

   合作金庫銀行 古亭分行

   戶名：萬卷樓圖書股份有限公司

   帳號：0877717092596

2. 網路購書，請透過萬卷樓網站

   網址 WWW.WANJUAN.COM.TW

大量購書，請直接聯繫我們，將有專人為您

服務。客服：(02)23216565 分機 610

如有缺頁、破損或裝訂錯誤，請寄回更換

國家圖書館出版品預行編目資料

當代中國社會 / 李文著. -- 初版. -- 桃園市：

昌明文化出版 ；臺北市 ： 萬卷樓發行,

2019.03

　冊； 　公分

ISBN 978-986-496-429-1(平裝)

1.社會發展 2.中國

540.92   108003030